To Rachel Z.

from

Jana Sadska

Czech Republic

24. 2. 2006

ČESKÁ REPUBLIKA
TSCHECHISCHE REPUBLIK
THE CZECH REPUBLIC
LA REPUBLIQUE TCHEQUE
LA REPUBBLICA CECA
LA REPUBLICA CHECA

Olympia

ČESKÁ REPUBLIKA

TSCHECHISCHE REPUBLIK

THE CZECH REPUBLIC

LA REPUBLIQUE TCHEQUE

LA REPUBBLICA CECA

LA REPUBLICA CHECA

ČESKÁ REPUBLIKA

Fotografie: Vladimír Birgus, Bořivoj Hořínek, Vladimír Hyhlík, Jiří Kopřiva,
Miroslav Krob, Dalibor Kusák, Jiří Morávek, František Němec, Prokop Paul,
Bohumír Prokůpek, Jan Reich, Jan Ságl, Josef Sekal, Miloslav Šebek, Kamil Wartha
Textová část: Jiří Pešek / Obálka, vazba a grafická úprava: Miloslav Fulín
Uspořádání a popisky: Soňa Scheinpflugová
Překlad: do němčiny Eva Berglová, do angličtiny Joy Kadečková,
do francouzštiny Magdalena Lavalová, do italštiny Lea Šupová, do španělštiny Luis C. Turiansky
Vydalo Nakladatelství Olympia, a. s., Praha, roku 1996 jako svou 2 797. publikaci
Dotisk prvního vydání / 128 stran, 108 barevných snímků
Odpovědná redaktorka: Marcela Nováková, technický redaktor: Jan Zoul
Sazba a tisk: Svoboda, grafické závody, a. s., Praha 10
Tem. sk. 09/18   27-001-96

Cena váz. 350 Kč

Autoři snímků
Vladimír Birgus: str. 120—121, 122, 123
Bořivoj Hořínek: str. 21, 22, 56, 58—59, 60, 61
Vladimír Hyhlík: str. 77, 92, 93, 97
Jiří Kopřiva: str. 10, 72
Miroslav Krob a jr.: str. 14, 27, 88—89, 95, 107
Dalibor Kusák: přední str. přebalu, 4—5, 6—7, 24, 26, 28, 30, 36
52, 64, 65, 78, 79, 83, 94, 99, 105, 106, 109, 112, 126
Jiří Morávek: str. 98
František Němec: str. 125
Prokop Paul: str. 16, 23, 35, 100, 113, 114, 118, 124
Bohumír Prokůpek: str. 9, 17, 18, 25, 34, 74—75, 82, 110, 111, 116, 117, 128
Jan Reich: str. 19, 20, 31, 33, 48, 51, 62, 66, 67, 70, 71, 76, 80, 91
Jan Ságl: str. 32
Josef Sekal: zadní str. přebalu, 2—3, 29, 38—39, 40, 41, 42, 43, 44, 45, 46, 47, 49, 50,
53, 54, 55, 63, 68, 69, 81, 84, 85, 90, 96, 102—103, 104, 108, 115, 127
Miloslav Šebek: str. 86
Kamil Wartha: str. 12—13

Česká republika

Republika, která vznikla počátkem roku 1993 rozdělením Československa, je nejmladší podobou historického, bezmála dvanáct set let trvajícího českého státu. Nevelká země v srdci kontinentu měla vždy poněkud komplikované osudy. Obdivuhodná je však schopnost jejích obyvatel vyrovnávat se s dějinnými potížemi, zmáhat nepříznivé situace a i v dobách nejprudších společenských vichřic pečovat o odkaz předků: o díla lidského ducha, o výtvory rukou obyvatel českých zemí i o krajinu, ztvárněnou prací mnoha generací. Ne nadarmo patří historické jádro Prahy, Českého Krumlova a Telče do celosvětového rejstříku památek UNESCO.

České země — Čechy, Morava a české Slezsko — jsou malebným ostrůvkem ve středu Evropy. Český masiv, ohlazený dešti a závějemi milionů let do oblých tvarů lahodících oku, do proměnlivých horizontů krajinných vln a stále nových, člověku však bezpečných scenérií, obtáčí úrodné nitro země prstencem hor. Na východní hranici Čech přechází pak terén přes lesy vrchoviny do slunných a úrodných rovin země moravské, ohraničené na severu nevelkým okrskem průmyslového Slezska, na východě kopci slovácko-slovenského pomezí. Na jihu jen řeka Dyje dělí kraj moravských vinařů od země jejich rakouských sousedů.

Celek tří českých zemí patří jednotlivě k sobě od 11. století. Každá ze zemí má ovšem vlastní specifické dějiny, svoji zvláštní krajinnou i lidskou povahu, svůj kulturní svéráz. Nebyli to jen lidé českého jazyka, kdo tu po staletí žili, pracovali, stavěli, svářeli se, milovali i odkoukávali fortele jeden od druhého. Až hektické 20. století s jeho totálními válkami, přesuny a vraždami velkých skupin obyvatelstva, s dlouhými ploty z ostnatého drátu zrušilo komplikovaně plodné soužití českého, německého a židovského etnika ve společné zemi, opakovaně omezovalo staletý zvyk lidí z celé Evropy usazovat se tu a obohacovat tento kraj svým umem i svérázem. Česká republika je v mnoha ohledech Evropou v malém, dějinnými osudy i problémy, úspěchy i dědictvím, které tu jedna generace odkazuje druhé.

Die Tschechische Republik

Die Republik, die zu Beginn des Jahres 1993 durch die Teilung der Tschechoslowakei entstand, ist die jüngste Form des historischen, fast zwölfhundert Jahre existierenden böhmischen Staates. Das kleine Land im Herzen des Kontinents hatte aber immer ein etwas kompliziertes Schicksal. Bewundernswert aber ist die Fähigkeit seiner Bewohner, sich mit den geschichtlich bedingten Schwierigkeiten abzufinden, ungünstige Situationen zu bewältigen und sich auch in den Zeiten der heftigsten gesellschaftlichen Stürme um das Vermächtnis der Vorfahren zu kümmern: um die Werke des menschlichen Geistes, um die von den Händen der Bewohner der böhmischen Länder geschaffenen Dinge und um die Landschaft, die durch die Arbeit von Generationen gestaltet wurde. Nicht umsonst gehören die historischen Stadtkerne von Prag, Český Krumlov und Telč in das Verzeichnis der denkmalgeschützten Städte der UNESCO.

Die böhmischen Länder — Böhmen, Mähren und der tschechische Teil Schlesiens — sind malerische Winkel Mitteleuropas. Das Böhmische Massiv wurde von Regen und Schneewehen Millionen Jahre hindurch zu runden Formen geglättet, die dem Auge wohl tun, zu veränderlichen Horizonten der hügeligen Landschaft, die eine schöne Szenerie bildet.

Das Massiv umkränzt das fruchtbare Landesinnere mit seinen Bergen. An der Ostgrenze Böhmens geht dann das Terrain durch die Wälder der Hochebenen in die sonnigen und fruchtbaren Tiefländer des mährischen Landes über, das im Norden von dem kleinen Gebiet des industriellen Schlesiens, im Osten dann von den Hügeln des mährisch-slowakischen Grenzgebiets begrenzt wird. Im Süden teilt nur der Fluß Dyje (Thaya) das Gebiet der mährischen Weinbauern vom Land ihrer österreichischen Nachbarn.

Die drei böhmischen Länder gehören als ein Ganzes seit dem 11. Jh. zueinander. Aber jedes dieser Länder besitzt seine spezifische Geschichte, seinen besonderen landschaftlichen und menschlichen Charakter, seine kulturelle Eigenart. Es waren nicht nur Menschen tschechischer Sprache, die hier Jahrhunderte hindurch lebten, arbeiteten, bauten, miteinander haderten, sich liebten und von Generation zu Generation ihre handwerklichen Fähigkeiten übermittelten. Erst das hektische zwanzigste Jahrhundert mit seinen totalen Kriegen, Verschiebungen und den Morden an großen Bevölkerungsgruppen, mit langen Stacheldrahtzäunen, unterbrach das komplizierte, aber trotzdem fruchtbare Zusammenleben des tschechischen, deutschen und jüdischen Ethnikons im gemeinsamen Land, schränkte wiederholt den jahrhundertealten Brauch der Menschen aus ganz Europa ein, sich hier niederzulassen und diese Landschaft mit ihrem Können und ihrem Kolorit zu bereichern.

Die Tschechische Republik ist in vielen Hinsichten Europa im kleinen, ein Gebiet vieler Einflüsse, historischer Schicksale und Probleme, das hier eine Generation der anderen übergibt.

The Czech Republic

The Czech Republic, which originated at the beginning of 1993 through the division of Czechoslovakia, is the youngest form of the historic Czech state, which has existed for nearly twelve centuries. The small country in the heart of the continent has always been marked by a somewhat complicated destiny. However, the ability of its inhabitants to come to terms with historical difficulties, to overcome unfavourable situations and to care for the heritage of their ancestors: for works of the human spirit, of creations of the hands of the population of the Czech Lands and for the landscape, shaped by the work of a whole number of generations, is remarkable. It is not merely by chance that the historical centres of Prague, Český Krumlov and Telč rank in UNESCO's world-wide list of monuments.

The Czech Lands — Bohemia, Moravia and Bohemian Silesia — form a picturesque little island in the centre of Europe. The Bohemian massif, smoothed down by the rains and avalanches of millions of years to attractive rounded shapes, to changing horizons of landscape waves and ever new scenery, which is, however, quite safe for Man, winds round the fertile inland of the country with a ring of mountains. On the eastern border of Bohemia the terrain passes through the forests of the highland to the sunny and fertile plains of Moravia, protected in the north by small industrial Silesia and in the east by the hills of the Moravian-Slovak borderland. In the south the region of Moravian wine producers is separated from the land of their Austrian neighbours only by the River Dyje.

The trio of Czech Lands has existed inseparably since the 11th century. However, each country has its own specific history, its own special landscape and human character, its own cultural nature. It was not only people speaking the Czech language who lived, worked, engaged in building activity, quarrelled, loved and gained know-how from one another for whole centuries. It has been the hectic 20th century with its total wars and shiftings and murders of large groups of the population and with long barbed wire fences that has interrupted the complicated but fruitful co-existence of members of the Czech, German and Jewish nations in a common country and repeatedly restricted the centuries-old custom of people from the whole of Europe to settle in this region and enrich it with their art and individuality. In many respects the Czech Republic is Europe on a small scale, a region of many characteristics, historic destinies and problems, successes and heritages which one generation leaves to another.

La République Tchèque

La république, née en début de l'année 1993, suite au scindement de la Tchécoslovaquie, n'est que la plus jeune forme de l'Etat des Tchèques, existant depuis presque 1200 ans. Le sort de ce petit pays situé au cœur du continent n'a jamais été très simple. Ces habitants possèdent pourtant une aptitude remarquable de faire face aux difficultés, de surmonter des situations dangereuses et, malgré tous les orages sociaux, soigner le patrimoine national, la nature, les œuvres de l'esprit et des mains des ancêtres. Ce n'est pas pour rien si les cités historiques des villes de Prague, de Český Krumlov et de Telč figurent dans les registres des monuments historiques de l'UNESCO. Les pays tchèques — la Bohême, la Moravie et la Silésie tchèque — représentent une partie pittoresque de l'Europe centrale. Le massif tchèque, modelé par la pluie et la neige jusqu'aux formes de vagues arrondies entoure l'intérieur fertile du pays d'un anneau de montagnes, d'aspect varié et plaisant. A l'Est, à travers les forêts du Plateau Tchèco-morave, on descend vers la plaine fertile et ensoleillée de la Moravie; barrée au Nord par la zone industrielle de la Silésie, à l'est par les collines de la Frontière slovaco-morave. Au sud, uniquement Dyje la rivière partage la région vinicole entre la Moravie et l'Autriche.

L'ensemble des pays tchèques est lié depuis le lle siècle. Chaque pays a bien son histoire spécifique, son caractère naturel et humain, sa culture populaire. Les gens qui depuis des siècles y vivaient, travaillaient, construisaient, se disputaient, s'aimaient et imitaient l'un l'autre, ne parlaient pas uniquement la langue tchèque. Ce n'était que le 20ᵉ siècle, ce délire des guerres, des transports et exterminations de grands groupes de population, avec ses murs surmontés de barbelé qui a mis fin à la coexistence compliquée et fructueuse des ethnies tchèque, allemande et juive dans leur pays commun, qui empêchait aux ressortissants des autres pays européens de venir comme ils avaient la coutume de le faire, et de nous offrir leur savoir-faire et leur culture. La République Tchèque n'est, en nombreux égards, qu'une Europe miniature, héritière de maintes destinées, problèmes et échecs légués d'une génération à l'autre.

La Repubblica Ceca

La Repubblica, nata all'inizio del 1993 dopo la divisione della Cecoslovacchia, è la forma più recente assunta dall'antico Stato Ceco esistente da quasi milleduecento anni. Il piccolo paese, situato nel cuore del continente, ha da sempre una sorte non facile. Degna d'ammirazione è però la capacità dei suoi abitanti di affrontare le difficoltà storiche, di superare le situazioni sfavorevoli e di conservare, anche durante le più violenti tempeste sociali, l'eredità degli antenati: l'opera dell'ingegno umano, prodotti delle mani degli abitanti delle terre ceche, nonchè il paesaggio, modellato dal lavoro di numerose generazioni. A ciò dobbiamo il fatto che i centri storici di Praga, Český Krumlov e Telč sono inseriti nel registro mondiale dei monumenti dell'UNESCO.

Le terre ceche — Boemia, Moravia e Slesia — rappresentano una regione pittoresca dell'Europa centrale. Il Massiccio Ceco, smussato dalle piogge e dagli ammassi di neve di milioni d'anni fino a creare forme tondeggianti, piacevoli da guardare, orizzonti mutevoli di paesaggi ondulati e panorami sempre nuovi, ma familiari, circonda il fertile interno come un anello di monti. Al confine orientale attraverso i boschi e le colline si scende nelle pianure assolate e fertili della Moravia, delimitata a Nord dalla piccola regione industriale della Slesia e ad Est dai colli della regione limitrofa della Moravia e poi dalla Repubblica Slovacca. A Sud soltanto il fiume Dyje divide la regione vinicola morava da quella austriaca.

Queste tre grandi regioni costituiscono un'unica formazione a partire dall'XI secolo. Ognuna di esse ha però una sua storia specifica, un suo particolare aspetto paesaggistico e umano, un suo carattere culturale. Ma il popolo di lingua ceca non è stato l'unico a vivere qui da secoli, a lavorare, costruire, litigare, amare e a tramandarsi la cultura spirituale e materiale. Soltanto il febbrile XX secolo con le sue guerre totali, gli spostamenti e i genocidi di grandi gruppi di abitanti e con lunghi recinti di filo spinato ha liquidato la fruttuosa convivenza delle etnie ceca, tedesca ed ebrea in un paese comune, cancellando l'abitudine millenaria dei popoli di tutta l'Europa a stabilirsi qui e ad arricchire questo paese con la propria arte e originalità. La Repubblica Ceca, sotto molti aspetti, rappresenta un'Europa in miniatura, alla cui formazione molti hanno contribuito con le sorti storiche e i problemi, i successi e il lascito che una generazione trasmette in eredità all'altra.

La República Checa

La república nacida a comienzos de 1993 tras la división de Checoslovaquia constituye la formación más nueva del Estado checo, que históricamente cuenta con casi 1.200 años de existencia. Este país, situado en el corazón del continente, ha tenido siempre una evolución bastante complicada. No obstante, fue notable la capacidad de sus habitantes de resistir los embates de la historia, superar las situaciones desfavorables y cuidar, incluso durante las más violentas tormentas sociales, del legado de los antecesores, los frutos del trabajo espiritual y físico de la comunidad y el paisaje cultivado por generaciones. No por casualidad, el casquete histórico de Praga, Český Krumlov y Telč se incluyen en el registro mundial de monumentos culturales de la UNESCO.

Los Países Checos — Bohemia, Moravia y la Silesia Checa — forman un pintoresco rincón de la Europa central. El Macizo de Bohemia, pulido durante millones de años por las lluvias y ventiscas en formas agradables a la vista, variables perspectivas de lomas y paisajes siempre nuevos aunque hospitalarios, se eleva sobre el interior fértil del país para formar un anillo de montañas. Por el este, la topografía de Bohemia pasa, a través de los bosques de la meseta, a las fértiles planicies de Moravia, limitada por el norte por una parte de la Silesia industrial y, por el este, por las colinas de la franja moravoeslovaca. Al sur, apenas el río Dyje separa a los viticultores moravos de sus vecinos austríacos.

Los tres países forman un conjunto inseparable desde el siglo XI. Cada uno, sin embargo, posee su propia historia, su propio medio natural e idiosincracia nacional, su propia cultura. Los hombres que, en el transcurso de los siglos, allí vivieron, trabajaron, construyeron, disputaron, se amaron y aprendieron unos de otros, no hablaban sólo checo. Sólo el trágico siglo XX, con sus guerras totales, emigraciones forzadas y genocidios, con sus interminables alambradas de púas, interrumpió la compleja convivencia de checos, alemanes y judíos, rompiendo la tradición secular de los pueblos de Europa de venir aquí a enriquecer esta tierra con su arte y costumbres. En gran medida, la República Checa es una Europa en pequeño, una tierra de grandes tesoros, historia y problemas, éxitos y valores dejados por cada generación.

Praha
a její okolí

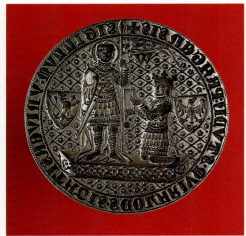

Stověžaté město v ohbí Vltavy zrychluje už po staletí tep srdcí básníků, malířů i fotografů. Je to kultovní, správní, kulturní, obchodní i průmyslové centrum českých zemí, v nepřetržité kontinuitě po tisíc let hlavní město království a republiky, sídlo panovníků i arcibiskupů. Dějiny tohoto města stávají se v mnohém historií českého státu. Zrozena jako podhradí Pražského hradu a později Vyšehradu, ve 30. letech 13. století proměněna v plnoprávné město a později v sebevědomou aglomeraci pražských měst, za císaře Karla IV. ve 14. století jedno z hlavních měst křesťanského světa, sídlo prvé zaalpské univerzity a veliká umělecká huť, o čtvrt tisíciletí později, za císaře Rudolfa II., tajemná metropole umělců, vědců a učených rabínů. Tak vrostla Praha do baroka, doby, která kopulemi chrámů i nádvořími a zahradami paláců dodnes charakterizuje tvář historického města, jemuž jen starobylý staroměstský orloj dokáže spravedlivě odměřovat čas.
V městě slavných korunovací, Mozartových oper a Beethovenových koncertů si později konkurovala Dvořákova hudba s Mahlerovou. V chmurné a lyrické Praze Kafkově, Rilkeho či Meyrinkově vymyslel Čapek roboty a Hašek rozverně nadreálného Švejka, stárnoucí Masaryk si tu v době pražské secese podával dveře s mladičkým Einsteinem. A město žilo dál, navzdory válkám, krizím i nepříjemným politickým režimům, aby se dočkalo dnes znovu nabývaného lesku.
Zasazena do středočeské krajiny získala Praha ve svém širším okolí důstojný rámec přírodní i kulturní. Romantickou scenérii nad klikatým tokem Berounky korunuje mocný hrad Karlštejn, kdysi místo uložení českých korunovačních klenotů, cestou k půvabnému povodí řeky Sázavy za hranicí města se rozkládá zámek a vzácný park v Průhonicích, směrem k severu, dříve než poutník dorazí k starobylému městu Mělníku s vinicemi na soutoku Vltavy a Labe, je zámek Nelahozeves se zajímavou galerií. Kousek dál k západu zvedá se pak z krajiny bájemi opředená hora Říp, proti proudu Labe směrem k východu zase gotické a renesanční krásy stříbrné pokladnice království, Kutné Hory.

Prag
und seine Umgebung

Das hunderttürmige Prag, am Moldaubogen gelegen, beschleunigt schon jahrhundertelang die Herzen der Dichter, Maler und Fotografen. Es ist ein Kult-, Verwaltungs-, Kultur-, Geschäfts- und Industriezentrum der böhmischen Länder, in ununterbrochener Kontinuität jahrtausendlang die Hauptstadt des Königreiches und der Republik, der Sitz der Herrscher und der Erzbischöfe. Die Geschichte dieser Stadt ist in vieler Hinsicht auch die Geschichte des ganzen tschechischen Staates.
Als Vorburg zur Prager Burg und später des Vyšehrads entstanden, in den dreißiger Jahren des 13. Jahrhunderts in eine rechtsgültige Stadt umgewandelt und später in eine selbstbewußte Agglomeration der Prager Städte, unter dem Kaiser Karl IV. im 14. Jh. dann eine der Hauptstädte der christlichen Welt, der Sitz der ersten Universität nördlich der Alpen und einer großen Künstlerhütte, ein Vierteljahrtausend später, unter Rudolf II., die geheimnisvolle Metropole der Künstler, Wissenschaftler und gelehrten Rabbiner. So wuchs Prag in das Barock hinüber, in eine Zeit, die durch die Kuppeln der Kathedralen und die Höfe und Palastgärten bis heute das Antlitz der historischen Stadt prägen, der nur die altertümliche astronomische Rathausuhr auf gerechte Weise die Zeit zu messen weiß.
In der Stadt der berühmten Krönungszeremonien, der Mozartopern und Beethovenkonzerte konkurrierte später die Musik eines Dvořák mit der von Mahler. Im düsteren und zugleich lyrischen Prag eines Kafka, Rilke oder Meyrinck erdachte sich Čapek die Roboter und Hašek den biederen überrealistischen Schweik, der alternde Masaryk gab hier in der Zeit des Prager Jugendstils dem blutjungen Einstein die Türklinke in die Hand. Die Stadt lebte weiter, trotz der Kriege, der Krisen und der ungünstigen politischen Entwicklung und unangenehmer Regime. Das heutige Prag gewinnt an Glanz und lockt Besucher aus der ganzen Welt an, denen die Stadt etwas zu bieten hat.
In die mittelböhmische Landschaft eingefügt, bekam Prag in seiner weiteren Umgebung einen würdigen kulturellen und natürlichen Rahmen. Die romantische Szenerie oberhalb des sich windenden Flusses Berounka enthüllt die mächtige Burg Karlstein, einst der Ort der Aufbewahrung der Kronjuwelen. Auf dem Weg zum reizvollen Flußgebiet der Sázava dehnt sich gleich hinter der Stadt der wertvolle Park mit dem Schloß Průhonice aus. In Richtung Norden, noch bevor der Wanderer die altehrwürdige Stadt Mělník mit den Weinbergen oberhalb des Zusammenflusses von Moldau und Elbe erreicht, befindet sich das Schloß Nelahozeves mit seiner interessanten Gemäldegalerie. Nicht weit davon in westlicher Richtung erhebt sich dann aus der Landschaft der sagenumwobene Berg Říp. Der Elbe stromaufwärts in Richtung Osten macht uns die gotische und Renaissanceschönheit der Silberschatztruhe des Königreiches — Kutná Hora — staunen.

Prague
and Its Environs

The city of a hundred spires nestling in a bend of the River Vltava has for many centuries accelerated the pulse of the heart of poets, painters and photographers. It has been the cult, administrative, cultural, commercial and industrial centre of the Czech Lands, the capital of the Czech kingdom and republic and the seat of rulers and archbishops in unceasing continuity for a thousand years. In many respects the history of this city is the history of the Czech state as a whole. Born as the outer bailey of Prague Castle and later of Vyšehrad, it became a town with full rights in the Thirties of the 13th century and was later transformed into an agglomeration of Prague towns. During the reign of the Emperor Charles IV in the 14th century it was one of the principal towns of the Christian world, the seat of the first university beyond the Alps and one big art workshop. At the time of the Emperor Rudolph II, the greatest of the crowned European patrons of the arts, it was a mysterious metropolis of artists, scientists and learned rabbis. And so Prague grew into the Baroque, the period whose church domes and façades, courtyards and gardens of magnificent palaces still characterize the historic appearance of the city where only the ancient Old Town horologe measures off time justly.
Prague has always been a lively city — in spite of the momentous history and the architectural beauty of the present city. When one great tradition faded, another one came into being round the corner of Prague's streets. Mozart's operas and Beethoven's concertos later found a rival in Dvořák's and Mahler's music. In the gloomy and lyrical Prague of Kafka, Rilke or Meyrink Karel Čapek thought up robots and Jaroslav Hašek his capriciously superrealistic Švejk, while ageing Masaryk and young Einstein were simultaneously coming and going in the Art Nouveau period. And the city lived on regardless of wars, crises and unpleasant political regimes. The new tempo of the present has enhanced its glitter and attraction for visitors from the whole world—to whom it has something to offer.
Set in the Central Bohemian landscape, Prague has found a dignified natural and cultural frame in its wide environs. The romantic scenery above the winding flow of the River Berounka forms a background for powerful Karlštejn Castle, where back in the past the Czech coronation jewels were kept. Spreading out on the way to the charming basin of the River Sázava, beyond the boundary of the town, are a château and rare park at Průhonice and in northerly direction the pilgrim will, before reaching the ancient town of Mělník with vineyards on the confluence of the Rivers Vltava and Elbe, come across Nelahozeves Château with an interesting gallery. A little further to the west the legend-woven mountain called Říp rises from the landscape and upstream of the Elbe, in easterly direction, lies the silver treasury of the kingdom, Kutná Hora, in all its Gothic and Renaissance beauty.

Prague
et ses alentours

La ville aux cent clochers située dans des méandres de la Vltava, fait depuis des siècles palpiter le coeur des poètes, peintres, photographes. Ce centre culturel, administratif, commercial, religieux, industriel des pays tchèques est depuis un millier d'années la capitale de notre pays, que ce soit royaume ou république, résidence des souverains et des archévêques. Son passé correspond presque entièrement à l'historie de l'Etat tchèque.

Née au pied des Châteaux de Prague et de Vyšehrad, Prague a revêtu l'aspect d'une ville au cours des anées 30 du 13e s., afin de devenir, au fur et à mesure, une fière agglomération urbaine, puis, au 14e s., sous l'Empereur Charles IV, l'une des capitales du monde chrétien, siège de la première université des pays transalpins et un grand atelier artistique, ensuite, 250 ans plus tard, au temps de l'Empereur Rodolphe II, afin de se transformer en métropole mystérieuse des artistes, savants, rabbins érudits. Ainsi elle est venue à l'encontre du l'époque baroque qui a laissé ses empreintes sur les coupoles des églises, sur les portails, cours, jardins des palais et créé le style typique de cette cité dont l'âge ne peut être mesuré que par l'horloge astronomique.

Malgré l'importance de certains moments de son passé, malgré la beauté de son architecture, Prague demeure une ville vivante et contemporaine comme elle l'a toujours été. Quand une vieille tradition s'éteignait, une nouvelle en naissait déjà dans les recoins des ruelles pragoises. Sur cette scène des couronnements célèbres, les échos des opéras de Mozart et concerts de Beethoven ont été succédés par la musique de Dvořák et de Mahler. La ville sombre et lyrique de Kafka, Rilke ou Meyrink a vu naître les robots de Čapek, et le brave soldat Chveik, héros insolite et irréel de Hašek. A l'époque de l'Art Nouveau un Masaryk de l'âge mur y rencontrait un Einstein à la fleur de l'âge. Et la ville vivait, vivait malgré les guerres, crises, régimes politiques détestés. Aujourd'hui, elle gagne un nouvel éclat qu'elle est prête à offrir à ses visiteurs.

Située au cœur de la Bohême centrale, Prague bénéficie d'un cadre naturel et culturel de valeur. Les collines romantiques qui se hissent sur les deux rives de la sinueuse Berounka dissimulent le puissant château fort de Karlštejn, jadis dépôt sûr des joyaux de la couronne. En direction de la pittoresque rivière Sázava, et juste après avoir quitté Prague, le touriste s'arrêtera près du château de Průhonice, entouré d'un remarquable parc. Au Nord, avant d'arriver au confluent de la Vltava et de l'Elbe, vers la ville de Mělník, célèbre par ses vignobles et par ses monuments, il admirera le château de Nelahozeves, abritant une galerie de tableaux. Un peu plus à l'Ouest le mont de Říp, endroit légendaire, se hisse au milieu de la plaine; en remontant le courant de l'Elbe vers l'Est, on accèdera à Kutná Hora, jadis source de l'argent, renommée par ses chefs-d'œuvre de style gothique et Renaissance.

Praga
e i suoi dintorni

La città dalle cento torri, situata in un meandro della Moldava, già da secoli fa battere il cuore ai poeti, ai pittori e ai fotografi. È il centro religioso, amministrativo, culturale, commerciale e industriale delle terre ceche e, nella continuità ininterrotta di mille anni, capitale del regno e poi della Repubblica, residenza dei sovrani e degli arcivescovi. La storia di questa città è per molti aspetti la storia di tutto lo Stato Ceco.

Nata come sobborgo del Castello di Praga e più tardi anche del Castello di Vyšehrad, negli anni 30'del XIII secolo Praga fu trasformata in città sovrana e più tardi ancora in una agglomerazione di città distinte. Sotto l'imperatore Carlo IV, nel XIV secolo, Praga fu una delle capitali del mondo cristiano, sede della prima università transalpina e grande laboratorio d'arte; un quarto di secolo più tardi, sotto l'imperatore Rodolfo II, il più importante fra i re-mecenati europei, Praga fu la misteriosa metropoli degli artisti, degli scienziati e dei dotti rabbini. Così Praga crebbe nel barocco, l'epoca che con le cupole delle chiese, le facciate, i cortili e i giardini dei palazzi finora caratterizza l'aspetto della città storica, il cui tempo è dato scandire al solo orologio astronomico della Città Vecchia.

Praga è da sempre città vivace; nonostante tutta la serietà della sua storia e la bellezza architettonica è sempre stata una città moderna. Mentre si addormentava qualche grande tradizione, dietro gli angoli delle viuzze praghesi già ne nasceva un'altra. Nella città delle incoronazioni solenni, delle opere di Mozart e dei concerti di Beethoven più tardi si fecero concorrenza la musica di Dvořák e quella di Mahler. Nella Praga cupa e lirica di Kafka, di Rilke e di Meyrink, Karel Čapek inventò i robot e Jaroslav Hašek creò il personaggio surreale del buon soldato Švejk, mentre all'epoca del liberty Masaryk, già anziano, e il giovane Einstein diventavano famosi in Europa. Sopravvissuta alle guerre, alle crisi e ai regimi totalitari, Praga accoglie i nuovi ritmi della modernità, riacquista il suo splendore e torna ad essere attraente per i turisti di tutto il mondo, ai quali ha molto da offrire.

I dintorni della capitale sono anch'essi ricchi di memorie storiche, maestosa cornice naturale e culturale. L'imponente castello di Karlštejn, antico guardiano dei gioielli della corona boema, domina il romantico paesaggio del corso sinuoso della Berounka; il castello con il suggestivo parco di Průhonice, appena oltre i confini di Praga, guardano la strada che conduce all'ameno bacino del fiume Sázava; verso nord, prima di raggiungere l'antico centro vinicolo di Mělník, situato alla confluenza dei fiumi Moldava ed Elba, il viandante scorge il castello di Nelahozeves, sede di un'interessante pinacoteca. E un po'oltre, verso ovest, si erge all'orizzonte il monte Říp, avvolto nella leggenda, mentre ad est, salendo il corso dell'Elba, si giunge all'antica zecca del Regno di Boemia, Kutná Hora, ricca di arte gotica e rinascimentale.

Praga
y sus alrededores

Esta ciudad de cien torres en un arco del río Moldava ha sabido desde hace siglos hacer latir el corazón de poetas, pintores y fotógrafos. Es el centro religioso, administrativo, cultural, comercial e industrial de los Países Checos, durante mil ininterrumpidos años capital del reino y de la república, sede de soberanos y arzobispos. Su historia es un poco la historia de todo el Estado checo.

Nacida al pie del Castillo de Praga y más tarde también de Vyšehrad, en los años 30 del siglo XIII adquirió todos los atributos de ciudad, para convertirse poco después en una orgullosa aglomeración de villas, en tiempos del emperador Carlos IV incluso una de las capitales del mundo cristiano, sede de la primera universidad transalpina y crisol de obras de arte; 250 años más tarde, bajo el emperador Rodolfo II, el más grande de los mecenas en el poder en Europa, fue también metrópoli misteriosa de artistas, científicos y rabinos ilustrados. Así alcanzó su mayoría de edad durante el barroco, que hasta hoy caracteriza, con las cúpulas de los templos y las fachadas, patios y jardines de los palacios, el aspecto de la ciudad histórica, para quien el tiempo quizás sólo pasa en el reloj de la Ciudad Vieja.

Praga fue siempre una ciudad de vida intensa, moderna pese a la riqueza de su historia y la belleza de sus monumentos. Apenas desaparecía una tradición, a la vuelta de la esquina nacía otra. Ciudad que vivió coronaciones famosas, óperas de Mozart y conciertos de Beethoven, luego asistió a la confrontación musical entre Dvořák y Mahler. En la misma Praga melancólica de Kafka, Rilke y Meyrink, luego Čapek inventa el robot, Hašek crea al inefable y surrealista Švejk, Masaryk ya entrado en años se alterna con Einstein en la Praga modernista. Y esta ciudad siguió viviendo, pese a las guerras, las crisis y los regímenes politicos antipáticos. Con el ritmo nuevo de hoy, brilla nuevamente atrayendo a los visitantes de todo el mundo, para todos tiene algo que ofrecer.

Emplazada en medio de Bohemia Central, Praga consiguió un digno espacio circundante, tanto natural como cultural. A los paisajes románticos del tortuoso río Berounka corona el imponente castillo de Karlštejn, otrora resguardo de las joyas de la coronación; en la ruta hacia el valle del Sázava, en las afueras de la ciudad, se encuentra el castillo de Průhonice con su notable parque; hacia el norte, en el camino a la histórica ciudad de Mělník con sus viñedos en el encuentro del Moldava y el Elba, está el castillo de Nelahozeves, con una interesante galería. Algo más al oeste, se eleva la legendaria colina de Říp, mientras que río arriba por el Elba, hacia el este, se llega a las bellezas góticas y renacentistas del tesoro de plata del reino, Kutná Hora.

HLAVNÍ LOĎ
CHRÁMU SV. VÍTA
HAUPTSCHIFF
DER ST.-VEITS-KATHEDRALE
THE MAIN NAVE
OF ST. VITUS'S CATHEDRAL
LA NEF PRINCIPALE
DE LA CATHÉDRALE ST-GUY
NAVATA CENTRALE
DELLA CATTEDRALE DI S. VITO
NAVE CENTRAL DEL TEMPLO
DE SAN VITO

■ STAROMĚSTSKÝ ORLOJ
■ ASTRONOMISCHE UHR DES ALTSTÄDTER RATHAUSTURMS
■ THE OLD TOWN HOROLOGE
■ L'HORLOGE ASTRONOMIQUE DE LA VIEILLE VILLE
■ OROLOGIO ASTRONOMICO DELLA CITTÀ VECCHIA
■ EL RELOJ DE LA CIUDAD VIEJA

■ STAROMĚSTSKÉ NÁMĚSTÍ S KOSTELEM P. MARIE PŘED TÝNEM
■ ALTSTÄDTER RING MIT DER KIRCHE ST.-MARIA VOR DEM TEIN
■ OLD TOWN SQUARE WITH THE CHURCH OF OUR LADY OF TÝN
■ PLACE DE LA VIEILLE VILLE AVEC NOTRE-DAME-DU-TÝN
■ PIAZZA DELLA CITTÀ VECCHIA CON LA CHIESA DELLA VERGINE MARIA DAVANTI AL TÝN
■ LA PLAZA DE LA CIUDAD VIEJA CON LA IGLESIA DE SANTA MARÍA DEL TÝN

■ STARÝ ŽIDOVSKÝ HŘBITOV	INTERIÉR STARONOVÉ SYNAGÓGY
■ ALTER JÜDISCHER FRIEDHOF	INTERIEUR DER ALTNEUSYNAGOGE
■ THE OLD JEWISH CEMETERY	THE INTERIOR OF THE OLD-NEW SYNAGOGUE
■ L'ANCIEN CIMETIÈRE JUIF	LA SYNAGOGUE VIEILLE-NOUVELLE: INTÉRIEUR
■ ANTICO CIMITERO EBRAICO	INTERNO DELLA SINAGOGA VECCHIO-NUOVA
■ EL VIEJO CEMENTERIO JUDÍO	INTERIOR DE LA NUEVA VIEJA SINAGOGA

NÁRODNÍ MUZEUM SE SOCHOU SV. VÁCLAVA
NATIONALMUSEUM MIT DER STATUE DES HLG. WENZEL
THE NATIONAL MUSEUM WITH THE STATUE OF ST. WENCESLAS
LE MUSÉE NATIONAL ET LA STATUE DE ST-VENCESLAS
MUSEO NAZIONALE E STATUA DI S.VENCESLAO
EL MUSEO NACIONAL Y EL MONUMENTO A SAN VENCESLAO

NOVORENESANČNÍ BUDOVA NÁRODNÍHO DIVADLA
DAS NEORENAISSANCEGEBÄUDE DES NATIONALTHEATERS
THE NEO-RENAISSANCE BUILDING OF THE NATIONAL THEATRE
THEATRE NATIONAL – IMMEUBLE DU STYLE NÉO-RENAISSANCE
EDIFICIO NEORINASCIMENTALE DEL TEATRO NAZIONALE
EL EDIFICIO NEORRENASCENTISTA DEL TEATRO NACIONAL

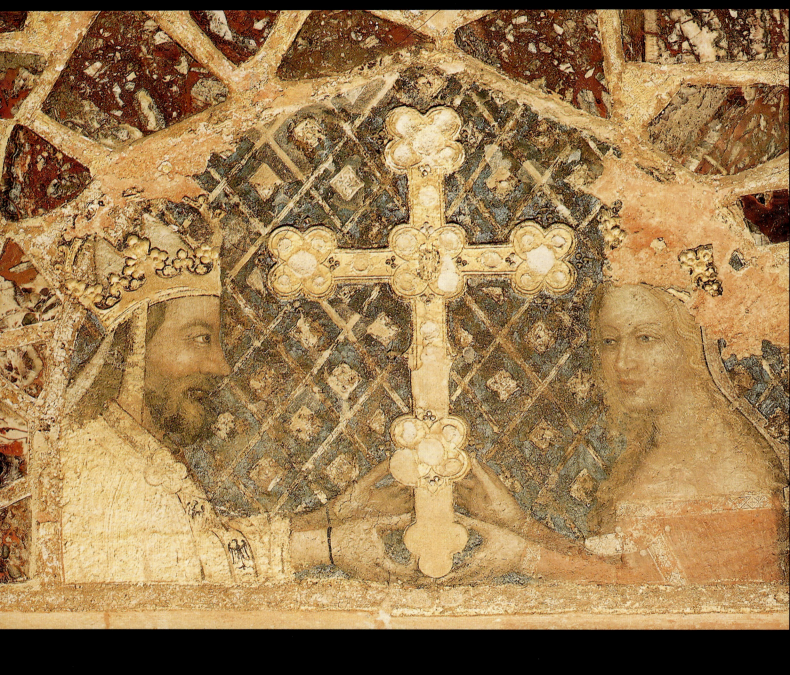

STŘÍBRNÝ OLTÁŘ POUTNÍHO KOSTELA NA SVATÉ HOŘE
SILBERNER ALTAR DER WALLFAHRTSKIRCHE AUF DEM HEILIGEN BERG
THE SILVER ALTAR IN THE CHURCH OF PILGRIMAGE ON SVATÁ HORA
L'AUTEL EN ARGENT PROVENANT DE L'ÉGLISE DU MONT-SAINT – LIEU DE PÉLERINAGE
ALTARE D'ARGENTO DELLA CHIESA DI PELLEGRINAGGIO SUL COLLE SANTO
ALTAR DE PLATA DE LA IGLESIA DE PEREGRINACIÓN EN SVATÁ HORA

KRAJINA NA SEDLČANSKU
LANDSCHAFT BEI SEDLČANY
THE LANDSCAPE IN THE SEDLČANY REGION
LA REGION DE SEDLČANY
PAESAGGIO ATTORNO ALLA CITTÀ DI SEDLČANY
PAISAJE DE LA REGIÓN DE SEDLČANY

Jižní Čechy

Jihočeská krajina nabízí snad nejintenzivněji představu, jak velkolepou práci tu odvedly generace předků při její kultivaci, při její proměně v krásný a produktivní park. Již od 16. století tu party rybníkářů zakládaly svá dokonale promyšlená a nejednou technicky odvážná díla. Soustavy rybníků a nekonečných rybničních stok prostoupily krajinu lesklými oky i stužkami vodních hladin. Již půl tisíciletí se tu produkují líni a chutní jihočeští kapři, pochoutka českých vánočních stolů.

Na rybách si však pochutnávali již dávní jihočeští velmoži, členové rozvětvené rodiny pánů s erbem růže, Rožmberkové, a páni z Hradce. Jižní Čechy bývaly královstvím v království, krajem, kde panovníkovu moc mnohdy představovaly jen pevné hradby města Českých Budějovic a od 15. století města Tábora, husitské pevnosti na cestě směrem do Prahy. Vše ostatní patřilo mocnému a hrdému rodu, jehož členové sídlili na Hluboké, na Krumlově, v Hradci nebo v Třeboni. Rožmberkové vymřeli počátkem 17. století, přišli však Schwarzenberkové a krajina si už udržela nerozkouskovaný, velkorysou rukou dirigovaný rytmus panské domény.

K jižním Čechám však patří, jako krajina pro sebe, také Šumava a její zázemí. I tou prozařují vodní plochy: temná šumavská jezera, utopená ve stínu neobvykle důstojných lesů, prudké potoky, dávající vodu dřevařským kanálům a náhonům pil, i říčky v korytech široce vymletých jarní vodou. I tady žili lidé od nepaměti. Mluvili spolu česky a německy a svorně pečovali o les i o schůdnost kamenitě písčitých cest. Vedly tudy obchodní stezky z Bavor a tam, kde dnes turisté obdivují květenu šumavských slatí, stoupali kdysi mezci s těžkým nákladem soli pro města v českém vnitrozemí. Dřevo naopak, svázané do pletenců vorů, sváželi odtud dřevaři po vodě do Prahy, ale také až do Hamburku.

Südböhmen

Die südböhmische Landschaft bietet vielleicht am intensivsten eine Vorstellung darüber, wie großzügig hier die Generationen vor uns bei deren Kultivierung tätig waren, bei ihrer Umwandlung in einen herrlichen und produktiven Park. Schon seit dem 16. Jh. haben hier die Teichgräber ihre vollendet durchdachten und oft technisch mutigen Werke angelegt. Das System der Fischteiche und endlosen Fischgräben zieren die Landschaft mit ihren spiegelnden Wasserflächen und Silberbändern. Schon ein halbes Jahrtausend werden hier Schleie und schmackhafte südböhmische Karpfen, der Leckerbissen, ohne den ein tschechischer Weihnachtstisch undenkbar wäre, gezüchtet.

An Fischen taten sich aber schon längst davor die südböhmischen Herrscher, die Mitglieder der verzweigten Familie der Herren mit der Rose im Wappen- die Rosenberger- gütlich, ebenso die Herren von Hradec. Südböhmen war ein Königreich im Königreich, eine Landschaft, wo die Macht der Herrscher nur durch die festen Stadtmauern der Städte České Budějovice und seit dem 15. Jh. der Stadt Tábor, der Hussitenfestung auf dem Weg in Richtung Prag, demonstriert wurde. Alles andere gehörte dem mächtigen und stolzen Geschlecht, dessen Mitglieder in Hluboká, in Krumlov, in Hradec oder in Třeboň siedelten. Die Linie der Rosenberger starb zu Beginn des 17. Jh. aus, es folgten aber die Schwarzenbergs, die die Landschaft ungeteilt erhielten und diese Domäne großzügig verwalteten.

Zu Südböhmen gehört aber auch „eine Landschaft an sich" — nämlich der Böhmerwald mit seinem Hinterland. Auch hier spiegeln sich Wasserflächen — dunkle Böhmerwaldseen, im Schatten der ungewöhnlich ehrwürdigen Wälder liegend, starke Bäche, die die Holzfällerkanäle und Sägewerke mit Wasser versorgten, und Flüßchen, die sich durch die vom Frühjahrsschmelzwasser ausgewaschenen Flußbetten schlängeln. Auch hier lebten seit Menschengedenken die Siedler. Sie verständigten sich untereinander tschechisch und deutsch, sorgten für den Wald und die Begehbarkeit der steinigen Sandwege. Hier führten die Handelswege von und nach Bayern und dort, wo heute die Touristen die Flora der Böhmerwaldmoore bewundern, transportierten Maulesel ihre schwere Last, das Salz, in das böhmische Binnenland. Das Holz wiederum, zu Flößen gebunden, wurde von hier von den Flößern nach Prag, ja manchmal sogar bis Hamburg geschwemmt.

South Bohemia

The South Bohemian landscape perhaps offers the most intensive idea of the magnificent work carried out by whole generations of our ancestors in cultivating it and transforming it into a beautiful and productive park. Parties of pond-builders founded their perfectly thought-out and often technically bold works already from the 16th century. Systems of ponds and endless pond gutters filled the landscape with glittering eyes and the ribbons of water surfaces. The tench and tasty South Bohemian carp, the delicacy of Czech tables at Christmas time, have been bred here since the 15th century.

However, ancient South Bohemian magnates enjoyed delicious fish dishes long ago. They were members of the widely branched family of lords with a rose in their coats of arms, the Rožmberks, and the lords of Hradec. South Bohemia was a kingdom in a kingdom, a region where the ruler's power was often represented only by the strong walls of the town of České Budějovice and, from the 15th century, the town of Tábor, the Hussite fortress lying on the route to Prague. Everything else belonged to the powerful and proud family whose members resided at Hluboká, Krumlov, Hradec or Třeboň. The Rožmberk dynasty died out in the early 17th century, but the Schwarzenbergs appeared on the scene and the region preserved the unbroken rhythm of a lordly domain, conducted by a grand and liberal hand.

Belonging to South Bohemia as a landscape region in itself is, however, that of the Šumava Mountains. Here, too, water surfaces glitter in the form of the Šumava lakes, drowned in the shade of unusually dignified forests, rapid streams providing water for the wood-floating canals and serving for the drive of sawmills and little rivers rushing wildly through their beds, widely washed out by their spring water. People have also lived here since time immemorial. They spoke Czech and German together and cared for the forest and the passability of the sandy, stony paths. Trade routes from Bavaria ran this way and mules climbed with heavy loads of salt for towns in the inland part of Bohemia in the places where tourists now admire the flora of the Šumava swamps. Wood, on the contrary, was floated on rafts to Prague and also to Hamburg.

Le Sud de la Bohême

Cette région est un exemple hors du commun d'une contrée qui, grâce aux efforts humains, a pu être transformée en un parc à la fois beau et rentable. Depuis le 16e siècle existe la tradition locale des pisciculteurs qui fondaient des ouvrages parfaitement réfléchis et souvent audacieux sur le plan technique. Les étangs rappellent des miroirs éparpillés dans le paysage et reliés entre eux par un système de rubans d'eau. Depuis 500 ans on produit la tanche et la carpe, spécialité locale et plat résistance du réveillon des Tchèques.

D'ailleurs, le poisson était certainement un plat préféré des propriétaires de ce pays, membres de la famille des seigneurs de la Rose, dont se sont illustrés notamment les Rožmberk, et les seigneurs de Hradec. Le Sud de la Bohême représentait un royaume dans le royaume, puisque le pouvoir royal était limité à la ville fortifiée de České Budějovice, et, à partir du 15e s. à la ville de Tábor, ancienne forteresse des hussites, située pres de la route de Prague. Le reste appartenait à la très puissante et fière famille dont les membres résidaient aux châteaux de Hluboká, Krumlov, Jindřichův Hradec et Třeboň. Les Rožmberk se sont éteints au début du 17e s. Leurs successeurs, les Schwarzenberg ont su garder entre leurs mains l'ensemble de ce domaine exceptionnel et assurer son développement.

Les montagnes de Šumava et la région voisine restent pourtant une partie relativement indépendante du Sud de la Bohême. Là aussi, brillent des plans d'eau, des lacs profonds, cachés au milieu des forêts majestueuses, des torrents qui alimentent les canaux de flottage du bois et des biefs des scieries, et de petites rivières dans leurs lits largement creusés par les grandes eaux de printemps. Là aussi les gens vivaient ensemble depuis toujours. Ils se parlaient en tchèque et en allemand, travaillaient dans la forêt, entretenaiens les chemins sablonneux et caillouteux. Une route de commerce reliait la Bavière aux pays tchèques ce qui fait qu'aux endroits où de nos jours, les touristes admirent la végétation des tourbières de Šumava, montaient jadis des ânes chargés de lourds fardeaux de sel, destinés aux villes à l'intérieur des pays tchèques. Le bois sous forme des radeaux flottait à Prague et plus loin, jusqu'à Hambourg.

La Boemia Meridionale

Il paesaggio della Boemia Meridionale dà forse con la massima intensità, rispetto alle altre regioni del paese, l'idea della mole delle opere di bonifica realizzate in passato per trasformare gli acquitrini in parchi e campi coltivabili. Già nel Cinquecento gli idrologi vi crearono bacini artificiali perfettamente concepiti e spesso di audace soluzione. Con i sistemi di serbatoi e canali essi hanno dato alla regione caratteristiche inconfondibili, gli occhi lucidi degli stagni e i nastrini azzurri dei canali. A mezzo secolo fa risale l'introduzione dell'allevamento della tinca e della saporita carpa di Boemia, il tradizionale piatto del Natale ceco.

Ma anche in passato i signori feudali della Boemia Meridionale, i membri delle grandi casate dei Rosenberg (avevano infatti una rosa sullo stemma araldico) e di Hradec gustavano il pesce pescato nei propri possedimenti. La Boemia Meridionale era un regno nel regno, il potere del monarca era ricordato soltanto dalle mura di cinta di České Budějovice e di Tábor, roccaforte hussita fondata nel XV secolo, situata sulla strada per Praga. Tutto il resto apparteneva alla potente e superba casata dei Rosenberg, i cui membri risiedevano a Hluboká, a Krumlov, a Hradec e a Třeboň. Estinta la famiglia Rosenberg, all'inizio del Seicento, il grande latifondo passò agli Schwarzenberg, e poiché non venne suddiviso conservò il carattere e i ritmi del dominio feudale diretto da mano generosa.

Anche la Selva Boema, pur avendo un suo singolare carattere, fa parte della Boemia Meridionale. Anche lì risplendono gli specchi d'acqua, quei laghi scuri che riforniscono d'acqua i canali, lungo i quali si trasporta il legname, e le gore delle segherie, e i fiumiciattoli che scorrono negli ampi letti scavati dalle acque primaverili. Anche questa regione è abitata da sempre. Cechi e tedeschi avevano cura dei boschi e mantenevano agibili le strade sassose e sabbiose. Attraverso la Selva Boema passavano le strade di commercio provenienti dalla Baviera, e dove oggi il turista ammira le torbiere, salivano un tempo i muli carichi di sale destinato alle città della Boemia interna, mentre il legno, legato nelle trecce delle zattere, veniva trasportato dagli spaccalegna via fiume fino a Praga e sino ad Amburgo persino.

Bohemia del Sur

El paisaje de Bohemia del Sur es quizás la mejor muestra de lo que pudo realizar el trabajo de generaciones pasadas al cultivarlo, transformándolo en un verdadero parque, hermoso y productivo. Ya en el siglo XVI, los piscicultores dieron inicio a su obra, inteligente y no pocas veces audaz. Un sistema de estanques y enmarañados canales atraviesa la región, con su engarce de ojos brillantes y cintas de agua clara. Desde hace medio milenio se cultivan aquí las perezosas y sabrosas carpas de Bohemia del Sur, plato típico de la Nochebuena checa.

Pero ya amaban el pescado antes los señores de la región, la vieja familia de los de la rosa en el escudo, los Rožmberk, así como los de Hradec. La Bohemia meridional era un reino dentro del reino, una región donde el poder del rey apenas estaba representado por las sólidas murallas de České Budějovice y, desde el siglo XV, Tábor, el fuerte husita en la ruta a Praga. Todo el resto pertenecía a la poderosa y orgullosa señoría local que residía en Hluboká, Krumlov, Hradec o Třeboň. Los Rožmberk desaparecieron a comienzos del siglo XVII y fueron remplazados por los Schwarzenberg; la región prosiguió el ritmo que le indicaba, en forma compacta y ambiciosa, la señoría.

También forman parte de Bohemia del Sur, como paisaje específico, los Montes de Bohemia o Šumava, y sus alrededores. También aquí se destacan las superficies de aqua, los oscuros lagos de Šumava, sumergidos entre bosques de maravillosa dignidad, los rápidos que abastecen de agua a los canales de los leñadores y a los aserraderos, así como los arroyos primaverales, de lechos abiertos. También aquí vivió la gente desde tiempos inmemoriales. Hablaban entre si en checo y alemán, cuidaban de los bosques y de los caminos arenosos. Pasaban por aquí las rutas comerciales que venían de Baviera y allí donde hoy los turistas admiran la flora selvática en un tiempo subían las mulas trayendo la sal para las ciudades del interior checo. A su vez, los leñadores ataban balsas de troncos que luego llevaban río abajo, hasta Praga o incluso hasta Hamburgo.

DŘEVĚNÝ MOST PŘES TEPLOU VLTAVU V LENOŘE
HOLZBRÜCKE ÜBER DIE WARME MOLDAU BEI LENORA
THE WOODEN BRIDGE ACROSS THE TEPLÁ VLTAVA AT LENORA
LE PONT EN BOIS SURPLOMBANT VLTAVA LA CHAUDE À LENORA
PONTE DI LEGNO SULLA MOLDAVA CALDA A LENORA
PUENTE DE MADERA SOBRE EL MOLDAVA SUPERIOR, EN LENORA

VYŠŠÍ BROD S AREÁLEM
CISTERCIÁCKÉHO KLÁŠTERA
VYŠŠÍ BROD MIT DEM AREAL
DES ZISTERZIENSERKLOSTERS
VYŠŠÍ BROD WITH THE AREA
OF THE CISTERCIAN MONASTERY
VYŠŠÍ BROD –
COUVENT DES CISTERCIENS
COMPLESSO DEL CONVENTO
CISTERCENSE DI VYŠŠÍ BROD
VYŠŠÍ BROD Y EL
MONASTERIO CISTERCIENSE

INTERIÉR TROJLODNÍ BAZILIKY P. MARIE V KLÁŠTEŘE ZLATÁ KORUNA
INTERIEUR DER DREISCHIFFIGEN BASILIKA DER JUNGFRAU MARIA IM KLOSTER ZLATÁ KORUNA
THE INTERIOR OF THE TRIPLE-NAVED BASILICA OF OUR LADY IN THE MONASTERY AT ZLATÁ KORUNA
INTÉRIEUR DE L'ÉGLISE NOTRE-DAME (BASILIQUE À TROIS NEFS), PARTIE DU COUVENT DE ZLATÁ KORUNA
INTERNO DELLA BASILICA A TRE NAVATE DELLA VERGINE MARIA NEL MONASTERO DI ZLATÁ KORUNA
INTERIOR DE LA BASÍLICA DE TRES NAVES DE SANTA MARÍA, EN EL MONASTERIO DE ZLATÁ KORUNA

HRAD V ROŽMBERKU NAD VLTAVOU
BURG IN ROŽMBERK NAD VLTAVOU
THE CASTLE AT ROŽMBERK NAD VLTAVOU
LE CHÂTEAU FORT DE ROŽMBERK NAD VLTAVOU
IL CASTELLO DI ROŽMBERK NAD VLTAVOU
EL CASTILLO DE ROŽMBERK NAD VLTAVOU

MĚSTEČKO FRYMBURK NA BŘEHU LIPENSKÉ PŘEHRADNÍ NÁDRŽE
DAS STÄDTCHEN FRYMBURK AM UFER DES LIPNO-STAUSEES
THE SMALL TOWN OF FRYMBURK ON THE BANK OF LIPNO DAM LAKE
LE BOURG DE FRYMBURK AU BORD DU LAC DE LIPNO
CITTADINA DI FRYMBURK SULLA RIVA DEL BACINO DELLA DIGA DI LIPNO
LA VILLA DE FRYMBURK, A ORILLAS DEL LAGO ARTIFICIAL DE LA REPRESA DE LIPNO

RAŠELINNÉ JEZÍRKO V OKOLÍ ŠUMAVSKÉ OBCE BOROVÁ LADA
TORF-SEE IN DER UMGEBUNG DER BÖHMERWALDGEMEINDE BOROVÁ LADA
A PEAT LAKE IN THE ENVIRONS OF THE COMMUNITY OF BOROVÁ LADA IN THE ŠUMAVA MOUNTAINS
UN PETIT LAC DE TOURBE DANS LES MONTAGNES DE ŠUMAVA PRÈS DU VILLAGE DE BOROVÁ LADA
LAGHETTO TORBOSO VICINO AL COMUNE DI BOROVÁ LADA NEI MONTI ŠUMAVA
LAGUNA DE TURBA EN LOS ALREDEDORES DEL PUEBLO DE BOROVÁ LADA, REGIÓN DE ŠUMAVA

KAMENNÝ MOST PŘES ŘEKU OTAVU V PÍSKU
STEINERNE BRÜCKE ÜBER DEN FLUSS OTAVA IN PÍSEK
THE STONE BRIDGE SPANNING THE RIVER OTAVA AT PÍSEK
LA VIEUX PONT DE PIERRE SUR LA RIVIÈRE OTAVA À PÍSEK
PONTE DI PIETRA SUL FIUME OTAVA A PÍSEK
PUENTE DE PIEDRA SOBRE EL RÍO OTAVA, PÍSEK

HISTORICKÉ JÁDRO MĚSTA TÁBORA
DER HISTORISCHE STADTKERN VON TÁBOR
THE HISTORIC CORE OF TÁBOR
LA CITÉ HISTORIQUE DE LA VILLE DE TÁBOR
CENTRO STORICO DELLA CITTÀ DI TÁBOR
EL CASQUETE HISTÓRICO DE TÁBOR

■ DÍLO MISTRA TŘEBOŇSKÉHO OLTÁŘE V ALŠOVĚ JIHOČESKÉ GALERII
■ EIN WERK DES MEISTERS DES WITTINGAUER ALTARS IN DER SÜDBÖHMISCHEN ALEŠ-GALERIE
■ A WORK BY THE MASTER OF THE TŘEBOŇ ALTAR IN THE SOUTH BOHEMIAN GALLERY
■ L'ŒUVRE DU MAÎTRE DE L'AUTEL DE TŘEBOŇ EXPOSÉE DANS LA GALERIE ALEŠ DU SUD DE LA BOHÊME
■ OPERA DEL MAESTRO DELL' ALTARE DI TŘEBOŇ NELLA GALLERIA ALEŠ DELLA BOEMIA MERIDIONALE
■ OBRA DEL MAESTRO ANÓNIMO DEL ALTAR DE TŘEBOŇ, EN LA GALERÍA ALEŠ DE BOHEMIA DEL SUR

JINDŘICHŮV HRADEC S RYBNÍKEM VAJGAREM A ŘEKOU NEŽÁRKOU
JINDŘICHŮV HRADEC MIT DEM FISCHTEICH VAJGAR UND DEM FLUSS NEŽÁRKA
JINDŘICHŮV HRADEC WITH VAJGAR POND AND THE RIVER NEŽÁRKA
LA VILLE DE JINDŘICHŮV HRADEC AVEC L'ÉTANG VAJGAR ET NEŽÁRKA LA RIVIÈRE
JINDŘICHŮV HRADEC CON IL LAGO VAJGAR E IL FIUME NEŽÁRKA
JINDŘICHŮV HRADEC, EL ESTANQUE VAJGAR Y EL RÍO NEŽÁRKA

VEČER PO VÝLOVU
DER ABEND NACH DEM FANG
EVENING AFTER THE FISHING-OUT OF THE POND
EN FIN DE LA JOURNÉE DU DÉPEUPLEMENT
VESPRO DOPO LA PESCA
DESPUÉS DE LA PESCA

Západní Čechy

Území mezi Plzní, městem lahodného piva i mohutných strojíren, a říšským zástavním městem Chebem, místem Valdštejnovy vraždy, mezi Domažlicemi s tradicí chodských národopisných slavností a Karlovými Vary s věhlasem světových lázní a přejemného porcelánu, je plné historických i krajinných kontrastů. Nabízí místa odpočinku a znovunabývání zdraví v lázních mariánskolázeňského jasu a goethovské tradice i v lázničkách tiše spočívajících v příjemném objetí venkova. Je to kraj dávných bitev v okolí Přimdy, Tachova či Domažlic i kraj mocných a krásných klášterů v Teplé, Kladrubech, Plasích nebo Manětíně, jimž tu do počátku našeho století patřívaly celé krajinné komplexy. Z výnosů klášterních zboží pak barokní stavitelé zbudovali mohutné, ušlechtile zformované i zdobené kláštery, mezi jejichž poklady patřily i rozsáhlé knihovny. Vedle ohromných klášterních komplexů lze v západních Čechách objevit i nejmenší z českých měst — maličké Úterý, utopené se svými oprýskanými poklady v důlku na cvrnkání obřích kuliček, anebo Loket, město pod kdysi tvrdým hradem nad zátočinou Ohře.

To jsou už ovšem Čechy nejzápadnější: horní povodí řeky Ohře, krajina dnes poraněná necitlivou těžbou uhlí. A přitom, jak jméno města Sokolov naznačuje, bývala tu krásná příroda, v níž panovali hrdí dravci. Havíři tu však také kutali již v dávných staletích. Město Jáchymov v Krušných horách vzniklo na počátku 16. století za velké stříbrné horečky. Těžké mince, které tu rod Šliků a po něm český král razili z místního stříbra, daly název rakouským tolarům i americkým dolarům. A ještě jednu kovkopskou horečku zažil Jáchymov: desetitisíce vězňů tu v 50. letech v hrůzných lágrech kopaly uran pro Sovětský svaz.

Snad nejvíce ze všech českých a moravských krajů bývaly západní Čechy spojeny s německým živlem. Oboustranným přičiněním zbytečně přetržená společná historie promlouvá tu obzvlášť důtklivě o závazku lidí vůči zemi, již obývají.

Westböhmen

Das Gebiet zwischen Plzeň, der Stadt des berühmten Biers und der dröhnenden Maschinenfabriken und der Reichsstadt Eger, dem Ort, an dem Wallenstein ermordet wurde, zwischen Domažlice mit seiner Folkloretradition der Choden und Karlovy Vary, das als Kurort von Weltruf und Stadt des Porzellans bekannt ist, ist voll von historischen und landschaftlichen Kontrasten. Es ist eine zum Erholen geeignete Landschaft, dort gewinnt man seine Gesundheit zurück, sowohl im Glanz von Mariánské Lázně und dessen Goethetradition als auch in den kleinen Bädern auf dem ruhigen Lande. Es ist eine Landschaft längst vergangener Schlachten in der Umgebung von Přimda, Tachov oder Domažlice und eine Landschaft der mächtigen und herrlichen Klöster von Teplá, Kladruby, Plasy oder Manětín, denen hier zu Beginn unseres Jahrhunderts ganze Landschaftskomplexe gehörten. Aus den Erträgen der Klostergüter errichten die Barockbaumeister dann mächtige, edel geformte und geschmückte Klöster, zu deren Schätzen auch umfangreiche Bibliotheken gehörten. Neben den riesigen Klosterkomplexen kann man in Westböhmen auch das kleinste tschechische Städtchen — das winzige Úterý entdecken, das mit seinen schäbig gewordenen Schätzen wie in einem zum Murmelspiel angelegten Loch ertränkt erscheint oder die Burg Loket, eine Stadt unter einer einst festen Burg oberhalb des Flusses Ohře.

Das ist allerdings schon das westlichste Böhmen: der Oberlauf des Flusses Ohře, die heute durch den gefühllosen Abbau der Kohle verwundete Landschaft. Und dabei gab es hier, wie der Name Sokolov andeutet, eine herrliche Natur, in der stolze Raubvögel herrschten. Bergleute gab es hier allerdings auch schon in den früheren Jahrhunderten. Die Stadt Jáchymov im Erzgebirge entstand zu Beginn des 16. Jh. im Rahmen eines großen Silberfiebers. Die schweren Münzen, die hier das Geschlecht der Šliks und nach ihm der böhmische König aus dem hiesigen Silber prägen ließ, gaben den österreichischen Talern den Namen und ebenso dem amerikanischen Dollar. Und noch ein „Goldgräberfieber" erlebte Jáchymov: Zehntausende Gefangene gruben hier in den fünfziger Jahren Uran für die damalige Sowjetunion.

Vielleicht am meisten von allen tschechischen und mährischen Gebieten war Westböhmen mit dem deutschen Element verbunden. Die gegenseitig verursachte Durchtrennung der gemeinsamen Geschichte spricht hier besonders eindringlich von der Verpflichtung der Menschen dem Lande gegenüber, das sie bewohnen.

West Bohemia

The territory between Plzeň, the town of delicious beer and roaring engineering works, and the imperial pledge town of Cheb, the scene of the murder of Albrecht of Wallenstein, between Domažlice with its traditional Chod ethnographical festivals and Karlovy Vary with its world-renowned spas and fine china is full of historic and landscape contrasts. It is a region of rest and the restoration of health at spas with the glitter of Mariánské Lázně and a Goethe tradition, or at tiny spas silently nestling amids the greenery of nature. It is a region of ancient battles in the environs of Přimda, Tachov and Domažlice and a region of beautiful, strongly built monasteries at Teplá, Kladruby, Plasy and Manětín to which whole landscape complexes belonged until the beginning of the present century. From the profits gained by monasteries Baroque architects built huge, nobly designed and decorated monasteries whose treasures included big libraries. Apart from enormous monastery complexes, the smallest Czech towns can be found in West Bohemia. They are Úterý, drowned with its cracked treasures in hollows for the flipping of giant marbles, or Loket, a town lying below a once strong castle in a bend of the River Ohře.

What has just been described is the westernmost part of Bohemia: the upper basin of the River Ohře, a landscape now violated by insensitive coal-mining activity. And yet, as the name of the town of Sokolov (domain of falcons) implies, beautiful countryside once existed here where proud birds and beasts of prey reigned. However, miners extracted ore here in long-gone-by centuries. The town of Jáchymov in the Ore Mountains originated in the early 16th century during a great silver rush. The heavy coins which the Šlik family and after them the Czech king minted from the local silver were called Austrian tolars and American dollars. And Jáchymov experienced yet another ore-digging rush: in the Fifties tens of thousands of prisoners in dreadful camps were forced to extract uranium for the Soviet Union.

Of all the Czech and Moravian regions it was perhaps West Bohemia that was connected to the greatest extent with the German element. Here their shared history, mutually uselessly severed, affords particularly urgent proof of the commitment of human beings to the place they inhabit.

L'Ouest de la Bohême

Cette partie du pays, située entre Pilsen, ville de la fameuse bière et de bruyantes usines mécaniques, et Cheb, jadis ville mise en gage par l'Empire germanique, et scène de l'assassinat de Wallenstein, Domažlice, ville à une grande tradition folklorique et Karlovy Vary, station balnéaire de renommée mondiale, connue également par sa fine porcelaine, est en effet une région de contrastes, aussi bien naturels qu'historiques. Il faut noter d'une part sa grande tradition balnéaire qui concerne, en plus des grandes stations comme Mariánské Lázně (saurait-on oublier par exemple les séjours de Goethe?) de petites villes très tranquilles en pleine campagne. Son passé a été marqué par de grandes batailles, livrées près de Přimda, Tachov, Domažlice au 15e s. Ici c'étaient surtout de riches ordres religieux qui se partageaient la propriété des terres (couvents à Teplá, Kladruby, Plasy, Manětín) jusqu'au début du 20e s. Le rendement de ces biens avait permis aux fondateurs baroques de se faire construire de remarquables établissements, contenant de véritables trésors dont d'énormes bibliothèques. Par ailleurs, on y découvrira par exemple la plus petite localité ayant dans les pays tchèques le statut d'une ville — Úterý, ou la ville de Loket avec un château fort jadis imprenable, hissé sur un falaise surplombant la rivière Ohře.

Le courant supérieur de cette rivière nous mène à l'extrémité occidentale du pays, région gravement endommagée par l'extraction du charbon. Les noms des localités permettent de croire cependant que dans le passé la nature était intacte car fréquentée par des oiseaux rapaces (la ville de Sokolov, sokol = faucon en tchèque). Et pourtant, à cette époque-là, les activités minières avaient déjà commencé. La ville de Jáchymov (Joachimstal) dans les Monts Metallifères a été fondée au début du 16e s. lors d'une réelle « fièvre d'argent. » Avec cet argent, la famille Šlik, plus tard le Roi de Bohême ont fait frapper la monnaie de valeur qui a donné le nom aux thalers d'Autriche, voire aux dollars américains (Joachimsthaler). Une autre fièvre s'est abbatue sur Jáchymov dans les années 50 : des dizaines de milliers de prisonniers ètaient tenus dans des conditions invivables des camps « de travail » afin d'extraire le minerai uranifère exporté à l'Union Soviétique.

Dans l'Ouest de la Bohême les contacts des peuples tchèque et allemand étaient toujours les plus intenses. Les deux parties ont agi de telle sorte que l'histoire commune a été inutilement interrompue. Sa voix parlant de l'engagement des hommes vis-à-vis du pays qu'ils habitent, sera-t-elle assez forte actuellement?

La Boemia Occidentale

Il territorio che si estende da Plzeň, città dell'ottima birra e delle rumorose fabbriche metalmeccaniche, a Cheb, la città imperiale dove Wallenstein fu assassinato; da Domažlice, nota per la tradizione folkloristica, a Karlovy Vary con le terme e la fabbrica di delicata procellana, è un territorio pieno di contrasti, sia storici che paesaggistici. È la regione frequentata per le cure e il riposo nelle città termali, un'altra celebre è Mariánské Lázně, ma anche tappa obbligatoria degli itinerari goethiani. Nella Boemia Occidentale si combatterono antiche battaglie nei dintorni di Přimda, di Tachov, di Domažlice, ma si alzano all'orizzonte anche gli imponenti e ricchi monasteri di Teplá, Kladruby, Plasy e Manětín, ai quali appartenevano enormi latifondi sino all'inizio del nostro secolo. Con i proventi ricavati da queste proprietà gli architetti del barocco eressero poi ulteriori monasteri, potenti, nobili, ricchi di opere d'arte e di biblioteche. Oltre a questi grandi complessi architettonici troviamo in questa regione anche la più piccola tra le città boeme, Úterý, affondata con i suoi tesori screpolati in una buchetta per le biglie dei giganti. Vi troviamo Loket, ai piedi del castello omonimo, anticamente fortificato, che guarda dall'alto il meandro del fiume Ohře.

Ma qui siamo all'estremità della Boemia Occidentale; il bacino dell'alta Ohře è oggi colpito dalla sconsiderata attività estrattiva della lignite. Ma un tempo, come si deduce dal toponimo Sokolov (sokol vuol dire in ceco falco), un tempo su questo paesaggio regnavano orgogliosi rapaci. L'attività mineraria ha qui una tradizione secolare. La città di Jáchymov, sui monti Metalliferi, nacque all'inizio del Cinquecento, durante la grande «febbre dell'argento». I pesanti talleri qui coniati con l'argento degli Šlik e poi con quello del re di Boemia hanno dato il nome alla vecchia moneta austriaca e a quella statunitense. E Jáchymov ha vissuto la sua seconda «febbre» negli anni cinquanta, quando decine di migliaia di detenuti, rinchiusi in orribili lager, vi estraevano l'uranio per l'Unione Sovietica.

Di tutte le regioni ceche e morave la Boemia Occidentale è stata forse quella maggiormente legata all'elemento tedesco. La storia comune dei due popoli, ceco e tedesco, ormai finita per loro volere, vi parla con quella particolare risolutezza che la gente locale dimostra nei confronti della propria terra.

Bohemia Occidental

El territorio limitado entre Pilsen, la de la sabrosa cerveza y las bulliciosas fábricas, y la ciudad de Cheb, donde fuera asesinado Wallenstein, entre la Domažlice de las tradicionales fiestas de la población de Chodsko y Karlovy Vary, mundialmente famosa como balneario y origen de una delicada porcelana, está lleno de contrastes históricos y geográficos. Región para descansar y recuperar las fuerzas en balnearios como la Mariánské Lázně de Goethe o en establecimientos menos conocidos, escondidos en los pueblos del interior. Región de batallas históricas en los alrededores de Přimda, Tachov o Domažlice, de grandiosos y bellos monasterios en Teplá, Kladruby, Plasy o Manětín, que hasta comienzos de nuestro siglo poseían también extensas tierras. Con las ganancias obtenidas, los constructores barrocos elevaron grandes monasterios, de formas refinadas y decorados con buen gusto, entre cuyos tesoros figuraban ricas bibliotecas. Entre estos gigantes podemos descubrir también a la ciudad checa más pequeña, la diminuta Úterý (literalmente, « Martes »), que esconde sus tesoros como en un hoyuelo de canicas enormes, así como a Loket, ciudad al pie de un antiguo castillo fuerte que se eleva sobre el río Ohře.

Estamos en el extremo occidental de Bohemia, el curso superior del Ohře, región devastada por la explotación desatenta del carbón. Y sin embargo, como sugiere el nombre de la ciudad de Sokolov (de « sokol » = halcón), era ésta una naturaleza indómita, en la que campeaban las aves de rapiña. Por cierto, también la minería es aquí antigua. La ciudad de Jáchymov, en los Montes Metálicos, proviene del siglo XVI, época de la gran fiebre de la plata. Las pesadas monedas de plata local acuñadas por la familia Šlik y luego por el propio rey dieron su nombre, « tolar », a una moneda de Austria e incluso al dólar de Estados Unidos. Pero Jáchymov vivió otra fiebre de metales preciosos: en la década de 1950 decenas de presos hacinados en campos infernales tuvieron que extraer el uranio para la Unión Soviética.

Tal vez más que otras regiones checas, Bohemia Occidental estuvo unida a los destinos de la población alemana. Esta historia común, interrumpida sin sentido por culpa de unos y otros, nos habla con especial énfasis del compromiso que la gente ha de tener con el país en el que vive.

PANORÁMA LÁZEŇSKÉHO MĚSTA KARLOVY VARY
PANORAMA DES KURORTES KARLOVY VARY
THE PANORAMA OF THE SPA TOWN OF KARLOVY VARY
PANORAMA DE LA STATION BALNÉAIRE DE KARLOVY VARY
PANORAMA DELLA CITTÀ TERMALE DI KARLOVY VARY
PANORAMA DEL BALNEARIO KARLOVY VARY
<

LÁZEŇSKÁ KOLONÁDA S FONTÁNOU
V MARIÁNSKÝCH LÁZNÍCH
KURKOLONADE MIT FONTÄNE
IN MARIÁNSKÉ LÁZNĚ
THE SPA COLONNADE WITH FOUNTAIN
AT MARIÁNSKÉ LÁZNĚ
UNE COLONNADE AVEC FONTAINE DANS
LA STATION BALNÉAIRE DE MARIÁNSKÉ LÁZNĚ
COLONNATO E FONTANA
A MARIÁNSKÉ LÁZNĚ
PASEO TECHADO Y FUENTE
ORNAMENTAL, MARIÁNSKÉ LÁZNĚ

VNITŘNÍ VÝZDOBA KLENBY
MARIÁNSKOLÁZEŇSKÉ KOLONÁDY
INNENAUSGESTALTUNG DES GEWÖLBES DER KURKOLONADE
VON MARIÁNSKÉ LÁZNĚ
THE INTERIOR DECORATIONS OF THE VAULT OF THE SPA COLONNADE
AT MARIÁNSKÉ LÁZNĚ
LA COLONNADE DE MARIÁNSKÉ LÁZNĚ –
DECORS DE LA VOÛTE
DECORAZIONE INTERNA DELLA VOLTA DEL COLONNATO
DI MARIÁNSKÉ LÁZNĚ
DECORACIÓN INTERIOR DEL TECHO DEL PASEO
DE MARIÁNSKÉ LÁZNĚ

Severní Čechy

Severní Čechy jsou krajem kdysi bohaté historie, oblastí s partiemi podivuhodné krásy, ovšem i dramatických kontrastů. Při Labi, mezi Litoměřicemi a Roudnicí, v krajině vyhaslých sopek a strání s vinnou révou, leží „zahrada Čech", nejúrodnější a nejutěšenější část celé země. Jen coby odtud kamenem dohodil se však objeví její zneklidňující tvář, která se zapsala do povědomí obyvatel spíše smutkem než krásou, již hledá objektiv fotografa. Je to svět bez krajiny, důlní a skládková měsíční poušť, připomínající člověka jen zplodinami chemických výrob a dusivým kouřem elektráren. A přece i tady žijí lidé, přece i zde dojde k regeneraci a znovunalezení krajiny.

Kus odtud dolů po proudu Bíliny a Labe, za starým a dnes chemickým městem Ústím nad Labem, kus cesty od skály s hradem Střekovem, jenž kdysi hlídal labský obchod, nedaleko od v minulosti tak půvabného děčínského zámku, tedy tam, kde u Hřenska opouští řeka republiku, říká se v Českém Švýcarsku. Krajina divoce romanticky rozeklaných a vodou i větrem omletých pískovcových skal je rájem horolezců. Lezou po kamenných jehlách a dlaněmi ohmatávají ztvrdlý písek. Ten písek, který kousek dál k severu, v malých městech slavné sklářské tradice, dává vzniknout průzračné kráse českého skla. Kamenický Šenov, Nový Bor, Železný Brod jsou pro milovníky a mistry skla z celého světa metropole a poutní místa umění, jež pracuje s ušlechtilým pískem, proměněným v ohni v křehce zkamenělý půvab.

A ještě kousek na sever, za homolí Ještědu s ostrou špicí rozhledny, za hřbetem Jizerských hor ve výběžku Čech pod horou Smrk leží zámek z počátku baroka: Frýdlant. V čase třicetileté války to bylo venkovské sídlo Albrechta z Valdštejna, císařského vojevůdce, evropsky významného válečného podnikatele, intrikána a velkorysého objednatele i sběratele uměleckých děl, posléze i hlavní postavy slavného Schillerova dramatu. Česká historie, podobně jako v nedalekém Liberci, centru severočeského textiláctví, překračuje tu lehkou nohou zemské hranice.

Nordböhmen

Nordböhmen ist ein Gebiet mit einst reicher Geschichte, ein Landstrich mit bemerkenswerter Schönheit, aber auch dramatischer Kontraste. An der Elbe, im Raum zwischen Litoměřice und Roudnice, in der Landschaft erloschener Vulkane und mit Weinreben bepflanzter Hänge, liegt der „Garten Böhmens", der fruchtbarste und dabei zugleich der trostloseste Teil des ganzen Landes. Nur einen Steinwurf weit entfernt erscheint die Kehrseite des Landes, die sich in das Bewußtsein der Menschen eher durch Traurigkeit als durch von Fotografen als beliebtes Motiv aufgesuchte Schönheit eingrub. Es ist eine Welt ohne Landschaft, eine Gruben- und Haldenwüste, die an den Menschen nur durch Exhalationen der Chemieindustrie und durch den erstickenden Qualm der Kraftwerke erinnert. Und trotzdem lebten und leben hier Menschen, und dennoch kommt es zur Regeneration und Wiederbelebung der Landschaft.

Ein Stück weiter unten entlang der Bílina und Elbe, hinter dem alten und heute als Chemiestadt bekannten Ústí nad Labem, ein Stück Weges vom Felsen der Burg Střekov entfernt, die einst den Elbhandel bewachte, unweit des in der Vergangenheit so reizvollen Schlosses von Děčín, also dort, wo bei Hřensko der Fluß das böhmische Land verläßt, nennt man die Gegend Böhmische Schweiz. Eine Landschaft wild zerklüfteter romantischer und durch Wind und Wasser verwitterter Sandsteinfelsen, die ein Bergsteigerparadies ist. Sie besteigen die steinernen Nadelspitzen und berühren mit ihren Handflächen den verhärteten Sand. Den Sand, der ein Stück weiter nach Norden, in den kleinen Städten der berühmten Glasmachertradition die durchsichtige Schönheit des böhmischen Glases entstehen läßt. Kamenický Šenov, Nový Bor, Železný Brod sind für die Liebhaber und Meister des Glases aus der ganzen Welt Metropolen und Wallfahrtsorte der Kunst, die mit edlem Sand, der im Feuer zu zarter, wie versteinerter Anmut verwandelt wird, arbeitet. Und noch ein Stückchen weiter nach Norden, hinter dem Kegel des Berges Ještěd mit seinem spitzen Aussichtsturm, hinter dem Rücken des Isergebirges liegt in den Ausläufern Böhmens unterhalb des Berges Smrk ein Schloß aus der Anfangszeit des Barock: Frýdlant. Während des Dreißigjährigen Krieges war es der Landsitz Albrecht von Wallensteins, des kaiserlichen Heerführers, des europäisch bedeutenden kriegerischen Unternehmers, des Intriganten und großzügigen Kunstsammlers, später auch der Hauptgestalt aus Schillers berühmtem Drama. Die tschechische Geschichte überschreitet hier ähnlich wie im unweit gelegenen Zentrum der nordböhmischen Textilindustrie Liberec, leichten Fußes die Grenze des Landes.

North Bohemia

North Bohemia is a region with a rich history, a region with parts of remarkable beauty, but also dramatic contrasts. Lying by the River Elbe, between Litoměřice and Roudnice, in a region of extinct volcanoes and slopes covered with vineyards, is the "garden of Bohemia", the most fertile and the most delightful part of the whole country. However, just a stone's throw away as it were lies its disturbing area which has inscribed itself in the minds of the population with a tragic touch rather than with beauty sought by the lens of a camera. It is a world without a countryside, a mining and tipping moon desert bringing the human element to mind only with the waste products of chemical factories and the suffocating smoke of power plants. And yet people have always lived here and here, too, regeneration processes and rediscovery of the countryside will be the order of the day.

A short way from here, downstream of the Rivers Bílina and Elbe, beyond the ancient and now chemical town of Ústí nad Labem, a short way from the rock topped by Střekov Castle, which once guarded trade on the Elbe, not far from the once so charming château at Děčín, i.e., in the place where the river leaves the Czech Republic at Hřensko, we find ourselves in the so-called Bohemian Switzerland. A region characterized by romantic, wildly rugged clefts and water- and wind-scarred sandstone rocks which is a paradise for mountain-climbers. They climb up the stone needles and feel the hardened sand with the palms of their hands. The sand which, a little further to the north, in small towns with an illustrious glass-making tradition, gives origin to the transparent beauty of Bohemian glass. For lovers and masters of glass from the whole world Kamenický Šenov, Nový Bor and Železný Brod are metropoles and pilgrimage places of art which work with refined sand transformed by flames into fragile, fossilized beauty.

And just a little further north, beyond the cone of Mount Ještěd and the sharp point of its observation tower, beyond the ridge of the Jizera Mountains on the promontory of Bohemia below Mount Smrk, lies a château from the Early Baroque: Frýdlant. During the Thirty Years War it was the country seat of Albrecht of Wallenstein, an imperial commander, a military entrepreneur of European importance, an intriguer and a grand commissioner and collector of works of art and, finally, the main character in Schiller's well-known drama. Here, similarly as at nearby Liberec, the centre of the North Bohemian textile industry, Czech history lightly crosses the provincial border.

Le Nord de la Bohême

Ce pays a une histoire très riche ainsi que des paysages d'une rare beauté et des contrastes dramatiques. Sur les rives de l'Elbe, entre les villes de Litoměřice et Roudnice où l'on aperçoit des volcans éteints et des coteaux couverts de vignoble s'étend la plus fertile partie de notre république, le « jardin de Bohême ». Mais à deux pas d'ici le Nord dévoile son visage triste et alarmant qui n'attire point le photographe. Ici, pas de contrée, uniquement le désert lunaire engendré par les mines et les découvertes. Seuls les déchets des usines chimiques et la dense fumée des centrales thermiques rappellent l'existence humaine. Les hommes y vivent pourtant comme ils y vivaient jadis, et dans l'avenir il faudra qu'ils arrivent à faire renaître cet endroit déshérité.
En suivant le courant de l'Elbe et de la Bílina on traversera la ville historique de Ústí nad Labem, centre de l'industrie chimique, on observera le haut rocher avec le château fort de Střekov qui surveillait jadis le commerce sur le fleuve, et là, non loin du château de Děčín, on se retrouvera dans un lieu appelé « la Suisse tchèque. » Ici, près de Hřensko, l'Elbe quitte le territoire de notre pays. Le paysage romantique et sauvage, formé de roches de grès travaillés par l'érosion, est devenu Paradis des alpinistes qui s'entraînent sur ces « flèches » ou « Pointes. » Le sable est également à l'origine d'une vieille tradition locale — la verrerie, dont les ateliers avaient trouvé place dans de petites villes de nord — Kamenický Šenov, Nový Bor, Železný Brod. Depuis, ces noms sont connus à chaque amateur de verre ou spécialiste de cette belle profession.
Un peu plus loin encore, à l'extrémité Nord de la Bohême, derrière la chaîne des montagnes Jizerské dont le sommet de Ještěd est reconnaissable par sa tour pointue, se situe, protégé par la montagne de Smrk, le château de Frýdlant, de style haut baroque, pendant la guerre de Trente Ans résidence campagnarde du généralissime Albrecht de Wallenstein, officier de l'Empereur, guerrier et entrepreneur de renommée européenne, comploteur, collectioneur des œuvres d'art et mécène, plus tard héros d'un drame célèbre de Schiller. A l'endroit qui le rappelle ainsi que non loin d'ici, dans la ville de Liberec, centre de l'industrie textile, l'histoire tchèque dépasse les frontières du pays.

La Boemia Settentrionale

La Boemia Settentrionale è una regione ricca di storia e di luoghi splendidi, è anche regione di drammatici contrasti. Lungo l'Elba, tra Litoměřice e Roudnice, in un paesaggio di vulcani spenti e di pendii ricchi di vite, si trova il «giardino di Boemia», la zona più fertile della nazione. Ma solo a due passi appare il volto drammatico della regione, che nella coscienza dei suoi abitanti ispira piuttosto un senso di tristezza che di quella bellezza cercata dall'obiettivo del fotografo. È un mondo privo di paesaggio, un deserto lunare, minerali e rifiuti, dove solo i gas degli stabilimenti chimici e il fumo soffocante delle centrali elettriche ricordano la presenza dell'uomo. Eppure anche qui l'uomo vive da secoli e anche qui dovrà avvenire la rigenerazione e la riscoperta del paesaggio naturale.
Scendiamo lungo il corso della Bílina e dell'Elba, oltrepassiamo Ústí nad Labem, centro dell'industria chimica, e a poca strada dal dirupo sopra il quale si erge il castello di Střekov, antico guardiano del trasporto fluviale sull'Elba, vicino al castello di Děčín, quindi là dove presso Hřensko il fiume lascia la Boemia, arriviamo nella Svizzera Boema. Paesaggio romantico di roccia arenaria frastagliata ed erosa dagli elementi, la Svizzera Boema è un paradiso per gli scalatori. Si arrampicano sulle guglie di pietra e toccano con il palmo della mano la sabbia indurita. È la stessa sabbia che un po' più a nord, nelle piccole città famose per la tradizione del vetro, dà origine alla trasparente bellezza del cristallo di Boemia. Kamenický Šenov, Nový Bor, Železný Brod sono le mecche degli appassionati del cristallo e degli addetti al settore, che arrivano in pellegrinaggio da tutto il mondo. Sono la meta obbligata per gli ammiratori dell'arte della sabbia nobile, che il fuoco trasforma in fragile fascino di minerale.
Ancora un po' più a nord, oltre il cono del monte Ještěd, con la guglia della torre-belvedere, oltre la dorsale dei monti Jizerské, al limite estremo della Boemia ai piedi del monte Smrk si trova Frýdlant, castello protobarocco. Durante la guerra dei Trent'anni fu residenza estiva del generalissimo imperiale e grande condottiero Albrecht von Wallenstein, uomo intrigante ma anche generoso mecenate e collezionista d'arte, entrato nella storia della letteratura grazie al noto dramma schilleriano. La storia di Boemia, giunti a Liberec, centro dell'industria tessile, supera con passo leggero gli attuali confini della nazione.

Bohemia del Norte

Bohemia del Norte es una región de rico pasado, que posee zonas de indudable belleza, así como de dramáticos contrastes. Junto al Elba, entre Litoměřice y Roudnice, tierra de volcanes apagados y de laderas cubiertas de vid, se extiende el «huerto de Bohemia», la parte más fértil y sonriente de todo el país. Pero al lado de sus encantos aparece enseguida su rostro angustioso, más conocido por el público y buscado por el objetivo fotográfico más bien por su lado trágico. He aquí un mundo sin paisajes, desierto lunar de desechos de la actividad minera en el que el hombre sólo se manifiesta a través de residuos químicos y del asfixiante humo de las centrales térmicas. Y con todo, también aquí vivió la gente, todavía vive y algún día se logrará regenerar el medio natural.
Siguiendo el curso del Bílina y el Elba, dejando atrás el actual complejo químico de Ústí nad Labem, poco después del peñón del castillo de Střekov que otrora protegía el tránsito por el Elba, no lejos del castillo de Děčín, en el pasado tan bello, allí donde el Elba deja Bohemia en la zona de Hřensko, llegamos a lo que se llama la «Suiza Checa». Es una región de rocas de arenisca de romanticismo salvaje, erosionadas por el agua y el viento, paraíso de los alpinistas. Suben por agujas de piedra, palpando con sus manos la arena petrificada. Es la misma arena que, algo más al norte, en los pequeños pueblos de tradiciones de cristalería, hace surgir la transparencia del cristal de Bohemia. Nociones como Kamenický Šenov, Nový Bor, Železný Brod, son insustituibles para los artistas y aficionados del cristal de todo el mundo, mecas del arte donde la arena pura se transforma, por la acción del fuego, en frágil elegancia solidificada.
Un poco más al norte, pasando el monte cónico de Ještěd con su puntiagudo mirador en la cumbre, al otro lado de los Montes de Jizera, en la lengua de Bohemia que penetra bajo el monte Smrk, aparece un castillo de comienzos del barroco, Frýdlant. Durante la Guerra de Treinta Años fue residencia campestre de Albrecht de Wallenstein, general del emperador, célebre en Europa por sus empresas militares e intrigas, pero también generoso aficionado a las obras de arte, más tarde protagonista de la famosa obra de teatro de Schiller. Es así cómo la historia checa, igual como no lejos de aquí en Liberec, centro de la industria textil de Bohemia del Norte, cruza sin obstáculos las fronteras del país.

ČEDIČOVÉ VARHANY PANSKÁ SKÁLA
BASALTORGEL PANSKÁ SKÁLA
A BASALT ORGAN AT PANSKÁ SKÁLA
LA «ROCHE DES SEIGNEURS» (ORGUES BASALTIQUES)
ORGANO DI BASALTO CHIAMATO PANSKÁ SKÁLA
EL «ÓRGANO DE PIEDRA» FORMACIÓN BASÁLTICA EN PANSKÁ SKÁLA

Východní Čechy

Východní Čechy, kraj sahající od hřbetů Krkonoš až k pomezí Moravy, jsou nejčeštější částí celé země. To není záležitost jazyka nebo množství památek. Východní Čechy nesou v sobě s neobyčejnou silou soustředěný základní princip českých dějin: podržování tradic, odpor proti jejich vyvracení a zároveň domestikování novot. Je to kraj písmáků a starověrských náboženských blouznivců, je to však i krajina nejpůsobivějšího prolnutí renesance a zejména baroka s českým prostředím. Patří sem stejně hrad Kost nad údolím Plakánku s půvabnou krajinou Českého ráje za zády, jako město českých královských vdov Hradec Králové nebo nedaleký barokní Braunův a Šporkův Kuks, jehož aleje soch se zvedají jen pár kroků od labského toku plynoucího směrem k Jaroměři. Patří sem ale i Litomyšl s ozvěnou Smetanovy hudby, předivo krajek z Vamberka a vsí i městeček v okolních kopcích, patří sem i východočeské betlémy, dodnes ve zdejším kraji vyřezávané z lipového dřeva a sestavované do pohyblivých scenérií. Dědictví husitské a předbělohorské bratrské či utrakvistické kultury literátských zpěvních bratrstev se tu dokázalo zasnoubit s tradicí jezuitsky katolické — výtvarné i hudební — zbožnosti a víry v očistnou moc krásy.

Východní Čechy jsou krajem české národní tradice, krajem pohádek a příběhů dětství Boženy Němcové, smutné, ale dobré víly české literatury 19. století. Je to kraj přírodních půvabů, turistických cest i bujarého sportovního života Krkonoš a Orlických hor, kopcovitý kraj po staletí nepříliš bohatý, dodnes však zelený a čistý. Z rušné Prahy sem v 17. a 18. století jezdívala šlechta trávit v klidu letní měsíce (hudbou vonící zámek v Jaroměři by o tom mohl leccos vyprávět), v 19. a 20. století ji pak vystřídali spisovatelé, malíři, vědci a univerzitní profesoři, kteří sem, do kraje míru, krásy a pohody, putovali s rodinami na letní byt.

Ostböhmen

Ostböhmen, eine Landschaft, die von den Kämmen des Riesengebirges bis hin nach Mähren reicht, ist vielleicht der böhmischste Landesteil. Das ist keine Angelegenheit der Sprache oder der Vielzahl der Denkmäler. Ostböhmen beinhaltet mit ungewöhnlicher Kraft das Grundprinzip der tschechischen Geschichte: die Aufrechterhaltung der Traditionen, den Widerstand gegen deren Widerlegung und zugleich das Heimischwerden von Neuheiten. Es ist die Landschaft der Bibelleser und altgläubigen religiösen Schwärmer, es ist aber auch die Landschaft, in der am eindrucksvollsten die Renaissance und besonders das Barock mit dem tschechischen Milieu verbunden sind. Hierher gehört die Burg Kost, oberhalb des Tales der Plakánek gelegen, mit der reizvollen Landschaft des Böhmischen Paradieses im Hintergrund, ebenso wie die Stadt der böhmischen Königswitwen Hradec Králové oder das unweit gelegene barocke Braunsche und Šporksche Kuks, dessen Statuenallee sich nur ein paar Schritte vom in Richtung Jaroměř fließenden Elbstrom erstreckt. Hierher gehören aber auch Litomyšl mit dem Echo der Musik von Smetana, das Spitzengespinst aus Vamperk und der Dörfer und Städtchen der umliegenden Hügel, hierher gehören auch die bis heute aus Lindenholz geschnitzt werdenden und in beweglicher Szenerie aufgestellten Weihnachtskrippen. Das Erbe der Hussiten und der utraquistischen Kultur der literarisch singenden Brüdergemeinden verstand hier mit der katholischen Jesuitentradition — sowohl der bildenden Kunst als auch der Musik — die Frömmigkeit und den Glauben an die befreiende Kraft der Schönheit zu verbinden.

Ostböhmen ist die Landschaft der tschechischen Nationaltradition, die Landschaft der Märchen und der Geschichten aus der Kindheit der Schriftstellerin Božena Němcová, der traurigen, aber guten Fee der tschechischen Literatur des 19. Jh. Es ist die Landschaft der Naturreize, der Wanderwege und des regen sportlichen Treibens des Riesengebirges und Adlergebirges, eines hügeligen Gebietes, das durch die Jahrhunderte hindurch nicht sehr reich war, dafür aber bis heute grün und sauber ist. Aus dem regen Prag kamen im 17. und 18. Jh. die Adligen hierher, um in Ruhe die Sommermonate zu genießen (das nach Musik klingende Schloß in Jaroměř könnte Bände davon erzählen), im 19. und 20. Jh. dann lösten Schriftsteller, Maler, Wissenschaftler und Universitätsprofessoren den Adel ab, die hierher, in die Landschaft der Stille, der Schönheit und der Heiterkeit in die Sommerfrische mit ihren Familien fuhren.

East Bohemia

East Bohemia, reaching from the ridges of the Giant Mountains to the border with Moravia, is perhaps the most Czech-like part of the whole country. But this is not a question of language or number of historic monuments. East Bohemia bears in itself the principles of Czech history concentrated with exceptional strength: the preservation of traditions, resistance against their reversal and, at the same time, the domestication of novelties. It is a region of popular chroniclers and religious fanatics. However, it is also a region characterized by the most impressive merging of the Renaissance and particularly the Baroque with the Czech environment. Belonging here just as Kost Castle above the Plakánek valley with the enchanting scenery of the Bohemian Paradise forming its background is Hradec Králové, the town of Czech royal widows, or nearby Baroque Braun's and Špork's Kuks, whose avenues of statues lie just a few steps from the Elbe, flowing in the direction of Jaroměř. Also belonging here, however, are Litomyšl with the echo of Smetana's music, cobweb-like laces from Vamberk and the villages and small towns in the surrounding hills and, of course, the East Bohemian Christmas Bethlehem scenes, still carved in the locality of lime wood and set in mobile scenery. Here the heritage of the Hussite and pre-White Mountain Battle brotherhood or Utraquist cultures of vocal brotherhoods succeeded in combining itself with the Jesuit catholic traditions—artistic and musical—of devoutness and faith in the purifying power of beauty.

East Bohemia is a region of Czech national traditions, a region of the fairy-tales and tales of the childhoold of Božena Němcová, the sad, but good fairy of Czech literature of the 19th century. It is a region of natural charms, tourist paths and a rich sporting life in the Giant and Eagle Mountains, a hilly region which has not known great wealth throughout the centuries, but which is still green and pure. In the 17th and 18th centuries the nobility used to travel from bustling Prague to spend the summer months in peace and quiet here (Jaroměř Château, permeated with music, could tell us something about this), while in the 19th century—and in the 20th century too—they were replaced by writers, painters, scientists and university professors who came to spend the summer with their families in this region of peace, beauty and good cheer.

L'Est de la Bohême

La région qui s'étend à partir des crêtes des Krkonoše (Monts des Géants) jusqu'à la frontière morave, est peut-être la partie la plus « tchèque » de tout le pays. Ce n'est pas une question de la langue ou du nombre des monuments historiques mais du principe de notre historie qui y a été ancré très profondément et qui l'est toujours: respect des traditions, résistance contre toute force voulant les déraciner, modification de toute nouveauté à notre façon. Dans ce pays naissaient des chroniqueurs du peuple, des contestataires anti-catholiques qui s'accrochaient de manière presque sectaire à la foi de leurs ancêtres. Pourtant l'alliance de la Renaissance et surtout du baroque au milieu tchèque a porté ici les meilleurs fruits. A voir notamment le château fort de Kost dans le gracieux environnement du Paradis de Bohême, la ville de Hradec Králové, propriété des Reines veuves de Bohême, l'hospice de Kuks, monument extraordinaire de sculpture baroque, exécuté par Mathias Braun et ses disciples à la demande du comte de Šporck, la ville et château de Litomyšl où sonne l'écho de la musique de Bedřich Smetana, les fines dentelles en provenance de Vamberk et des autres bourgs montagnards; à ne pas oublier de nombreuses crèches mécaniques, taillées en bois de tilleul selon la tradition locale, d'ailleurs toujours vivante. L'héritage des cultures protestantes de l'époque avant la Montagne Blanche a pu s'associer à la culture catholique, propagée par les jésuites à l'aide surtout des arts plastiques et de la musique et créer une nouvelle religiosité dont la partie inséparable était la foi en pouvoir purificateur de la beauté.

L'Est de la Bohême est le berceau de la tradition nationale dont nous retrouvons l'atmosphère dans les contes et histoires de Božena Němcová, triste féé de nos lettres du 19ᵉ s. La nature qui n'est pas très riche mais belle, verte et pure, attire les touristes et aussi les sportifs (montagnes de Krkonoše, Orlické hory). Depuis le 17ᵉ et 18ᵉ s. la noblesse venait y passer la saison d'été dans ses châteaux, dont par exemple celui de Jaroměř, connu grâce à sa tradition musicale. Au 19ᵉ et 20ᵉ s c'étaient des écrivains, peintres, savants, professeurs qui, à leur tour, ont découvert ce pays de paix et de beauté et en ont fait le but de leurs voyages de vacances.

La Boemia Orientale

La Boemia Orientale, che si estende dalla dorsale dei monti dei Giganti fino alla zona limitrofa della Moravia, è forse la regione che conserva più marcatamente il carattere ceco. Non ci riferiamo alla parlata o alla ricchezza di monumenti, ma ad un principio fondamentale della storia boema: qui più che altrove si rispettano le tradizioni, si resiste al loro sradicamento e allo stesso tempo ogni novità viene addomesticata. È la patria dei cronisti popolari e dei visionari religiosi, è anche il luogo in Boemia dove più efficacemente è penetrato il Rinascimento e poi il Barocco. Qui si trova il castello di Kost, eretto sulla valle del Plakánek, con alle spalle il paesaggio pittoresco del Paradiso Boemo. Vi si trovano Hradec Králové, dove andavano ad abitare le regine rimaste vedove, e i castelli di Kuks, creato dall'artista barocco Braun, e di Špork, dove i viali di statue corrono a pochi passi dall'Elba, che scorre diretta a Jaroměř. Vi si trova Litomyšl, dove ancora risuona la musica di Smetana, Vamberk con i suoi merletti e villaggi e cittadine sparse sulle colline circostanti, la regione dei presepi ancora oggi intagliati nel tiglio e animati da speciali meccanismi. L'eredità hussita e poi della Chiesa Boema, nata poco prima della battaglia della Montagna Bianca, l'eredità utraquista delle confraternite di letterati e cantori, si sono sposate qui con la tradizione artistica e musicale; la tradizione di fede e devozione cattolico-gesuitica si è sposata alla potenza purificatrice della bellezza.

È questa la regione della tradizione nazionale, la regione delle favole e dei racconti per bambini di Božena Němcová, ninfa triste e buona della letteratura ottocentesca. È una regione di fascini naturali, di vie turistiche e di intensa vita sportiva sui monti dei Giganti e sui monti Orlické. È anche una regione collinosa, non molto ricca economicamente ma sempre verde e pulita. Nel Seicento e nel Settecento la nobiltà praghese vi veniva per la villeggiatura (il castello di Jaroměř, con il suo profumo di musica, avrebbe al riguardo molte storie da raccontare), nei secoli seguenti scrittori, pittori, scienziati e professori universitari hanno dato il cambio alla vecchia nobiltà e frequentavano questa regione durante le vacanze.

Bohemia Oriental

Bohemia Oriental, región que va desde las cumbres de los Montes Gigantes hasta los bordes de Moravia, debe ser la más checa del país. Y no por el idioma o la cantidad de monumentos. Bohemia Oriental concentra en sí misma de manera especial el principio esencial que rigió la historia de los checos: la continuidad de las tradiciones, la resistencia a los intentos de destruirlas y, al mismo tiempo, la naturalización de los ejemplos foráneos. Es región de escriturarios y soñadores en sectas religiosas del pasado, pero también expresión de la notable integración del renacimiento y sobre todo el barroco con el medio checo. A ella pertenece tanto el castillo de Kost sobre el valle del Plakánek, con la atractiva zona del Paraíso Checo o Český ráj a sus espaldas, como la ciudad de las reinas viudas, Hradec Králové, o la cercana Kuks barroca de Braun y Špork, cuyos caminos bordeados de esculturas se elevan a pocos pasos del río Elba, que se dirige hacia Jaroměř. También le pertenecen Litomyšl, con sus ecos de la música de Smetana, Vamberk con su encaje de pueblitos sobre las colinas circundantes, al igual como los pesebres de Bohemia Oriental, hasta hoy tallados en madera de tilo y armados en escenas móviles. El legado de la cultura protestante de antes de la batalla del Monte Blanco, de las hermandades de cancioneros literarios, ha conseguido combinarse con la tradición católica y jesuita de religiosidad y fé en el poder purificador de la belleza de las artes plásticas y la música.

Bohemia Oriental es la región de la tradición nacional checa, de los cuentos y relatos de la infancia de Božena Němcová, esta triste hada buena de la literatura checa del siglo XIX. Es región de bellezas naturales, senderos turísticos y de la intensa vida deportiva de los Montes Gigantes y de Orlice, terreno montañoso que nunca fue demasiado rico pero que hasta hoy se mantiene verde y puro. En los siglos XVII y XVIII, la nobleza praguense acostumbró a venir aquí a pasar el verano y el castillo pleno de música de Jaroměř podría contar muchas cosas al respecto. En los siglos XIX y XX, la remplazaron los escritores, pintores, hombres de ciencia y profesores universitarios, que encontraron placer en venir con sus familias a descansar en sus casas campestres establecidas en esta región de paz, belleza y tranquilidad.

- HŘEBENY KRKONOŠ
- KÄMME DES RIESENGEBIRGES
- THE RIDGES OF THE GIANT MOUNTAINS
- LES CRÈTES DES MONTS DES GÉANTS
- CRINALI DEI MONTI DEI GIGANTI
- CUMBRES DE LOS MONTES GIGANTES

<

- GALERIE BAROKNÍCH SOCH V KUKSU
- GALERIE VON BAROCKSTATUEN IN KUKS
- THE GALLERY OF BAROQUE STATUES AT KUKS
- LA GALERIE DES STATUES BAROQUES À KUKS
- GALLERIA DI STATUE BAROCCHE NEL CASTELLO DI KUKS
- GALERÍA DE ESCULTURAS BARROCAS EN KUKS

HORSKÁ VES HORNÍ ŠTĚPANICE V KRKONOŠÍCH
BERGDORF HORNÍ ŠTĚPANICE IM RIESENGEBIRGE
THE MOUNTAIN VILLAGE OF HORNÍ ŠTĚPANICE IN THE GIANT MOUNTAINS
HORNÍ ŠTĚPANICE – VILLAGE MONTAGNARD DANS LES MONTS DES GÉANTS
VILLAGGIO DI HORNÍ ŠTĚPANICE NEI MONTI DEI GIGANTI
LA ALDEA MONTAÑESA DE HORNÍ ŠTĚPANICE EN LOS MONTES GIGANTES

Jižní Morava

Jižní Morava je nazývána krajem vína a slunce. Není to samozřejmě tak docela pravda: patří sem přece i Jihlavsko a část Českomoravské vrchoviny, mlžná a deštivá oblast tichých, romantických lesů, v jejichž objetí návštěvník nalezne takové perly, jakou je žďárský klášter a zejména nedaleký barokně gotický Santiniho hřbitovní kostel na Zelené hoře. Přece však je jižní Morava pro návštěvníky s otevřeným srdcem především teplým krajem vinic a sadů, krajem rozkvetlých barev lidových krojů z Kyjovska nebo Strážnicka, krajem zamlženým dechem znojemských a mikulovských vinných sklípků nebo modravou vůní vizovických paliíren.

Vize jižní Moravy jako sladké země malebných, moderním shonem nezatížených, katolicky patriarchálně upřímných vesnických společenství ovšem je a vždy byla jistou redukcí plnosti krás a pokladů, které tato část českých zemí uchovává. Jižní Morava měla a má dramatické a barvité dějiny, sahající od pravěku přes skvělou epochu Velké Moravy 9. a 10. století, prvého pevného státního útvaru na území dnešní republiky, k moravskému markrabství středověku (ne nadarmo vyrostly na Moravě nejen bohaté a umělecky významné kláštery, ale i nedobytně pevné hrady zdejších magnátů) a ke skvělé epoše měst a zámků moravské renesance, pověstné náboženskou i názorovou tolerancí. Vynikající a v poměru k Čechám i k Rakousku svébytné dědictví zanechalo tu hudební i výtvarné baroko. Stačí zastavit se v arcibiskupské Kroměříži a pokusit se porovnat bohatství tamní galerie, notového archivu a knihovny. Plodné setkávání českého a rakouského světa se svérázy jihomoravského mikrokosmu dodnes vydává vzácné květy.

Dnešek jižní Moravy reprezentuje Brno, druhé největší a nejvýznamnější město republiky, kdysi sídlo moravských markrabat, dnes sídlo Nejvyššího soudu ČR, domov Masarykovy univerzity, zajímavé divadelní, ale i správní, průmyslové a veletržní centrum celostátního významu.

Südmähren

Südmähren wird als Landschaft des Weines und der Sonne bezeichnet. Das ist nicht ganz wahr: gehören doch hierher das Gebiet von Jihlava und ein Teil der Böhmisch-Mährischen Anhöhe, ein nebliges und regnerisches Gebiet stiller, romantischer Wälder, in deren Umarmung der Besucher solche Perlen vorfindet wie das Kloster Žďár und besonders die barock gotische Friedhofskirche, von Santini erbaut, auf dem Berg Zelená hora. Trotzdem stellt Südmähren für den Einheimischen und für den Besucher mit offenem Herzen besonders die warme Gegend der Weinberge und Gärten, die Landschaft der aufgeblühten Farben der Volkstrachten des Gebiets von Kyjov oder Strážnice dar, die Landschaft des nebelverhüllten Atems der Weinkeller von Znojmo und Mikulov oder des Duftes der Likörbrennereien von Vizovice.

Die Vision Südmährens als süßes Land malerischer, von der Hektik des modernen Lebens unberührter, katholisch patriarchalisch aufrichtiger dörflicher Gemeinschaften war und ist allerdings eine gewisse Reduzierung der ganzen Schönheit und der Schätze, die dieser Teil der Tschechischen Republik aufzuweisen hat. Südmähren hatte und hat eine reiche und bunte Geschichte, die von der Urzeit über die fabelhafte Epoche des Großmährischen Reiches des 9. und 10. Jh. — der ersten festen Staatsform auf dem Gebiet der heutigen Republik — hin zu den Markgrafschaften des Mittelalters (nicht umsonst entstanden in Mähren nicht nur reiche und künstlerisch bedeutende Klöster, sondern auch unbezwingbare feste Burgen der hiesigen Magnaten) und zur herrlichen Epoche der Städte und Schlösser der mährischen Renaissance, der berühmten religiösen und ideellen Toleranz reicht. Ein ausgezeichnetes und im Verhältnis zu Böhmen und zu Österreich individuelles Erbe hinterließ das Barock der Musik und der bildenden Kunst. Es genügt, sich im erzbischöflichen Kroměříž umzusehen und den Reichtum der dortigen Galerie, des Notenarchivs und der Bibliothek zu vergleichen. Das fruchtbare Zusammentreffen der böhmischen und der österreichischen Welt mit der Eigenart des südmährischen Mikrokosmos zeitigt auch noch heute wertvolle Früchte.

Das heutige Südmähren wird am besten von Brno, der zweitgrößten und -bedeutendsten Stadt der Republik repräsentiert, einst der Sitz der mährischen Markgrafen, heute Sitz des Obersten Gerichts der Tschechischen Republik, der Heimat der Masaryk-Universität, ein Zentrum des Theaterlebens, der Verwaltung, Industrie und Messen von ganzstaatlicher Bedeutung.

South Moravia

South Moravia is called the region of wine and sunshine. This is naturally not wholly true: belonging here are, after all, also the Jihlava district and a part of the Bohemian-Moravian Highlands, a foggy and rainy region of silent, romantic forests in whose embrace the visitor finds such gems as Žďár Monastery and especially Santini's nearby Baroque-Gothic cemetery church on Zelená hora. However, for natives of this region and visitors who come here with an open heart South Moravia is above all a warm region of vineyards and orchards, a region of the glowing colours of folk costumes from the Kyjov or Strážnice districts, a region of the misty breath of the Znojmo and Mikulov wine cellars, or the blue aroma of the Vizovice distilleries.

However, it must be said that the vision of South Moravia as a sweet land of picturesque and catholically and partriarchally sincere village communities is and always has been a certain reduction of the fullness of the beauty spots and treasures typical of this part of the Czech Lands. South Moravia has always had a dramatic and colourful history reaching from primeval times over the magnificent epoch of Great Moravia of the 9th and 10th centuries, the first strong state formation on the territory of the present Czech Republic, to the Moravian margraviate of the Middle Ages (not in vain did rich and artistically outstanding monasteries as well as inconquerable castles owned by local magnates originate) and to the magnificent era of towns and châteaux of the Moravian Renaissance, to legendary religious and ideological tolerance. The musical and artistic Baroque also left an outstanding and, in proportion to Bohemia and Austria, individual heritage here. It suffices to visit the episcopal town of Kroměříž and try to compare the wealth of the local gallery, archives of sheet music and library. The fruitful encounter of the Czech and Austrian world with the characteristic features of the South Moravian microworld still gives forth rare flowers and fruits.

The present of South Moravia is represented by Brno, the second biggest and most important city in the Czech Republic. It was once the seat of the Moravian margraviate and now the Supreme Court of the Czech Republic and Masaryk University are situated here. Brno is an interesting cultural, but also administrative, industrial and trade fair centre of nation-wide importance.

Le Sud de la Moravie

On l'appelle pays du vin et du soleil. Il n'y a pas que cela, bien évidemment: on y trouvera la ville de Jihlava et ses environs, une partie du Plateau Tchéco-morave, région de pluies et de brumes, de forêts silencieuses et romantiques qui cachent des trésors comme par exemple le couvent de Žďár nad Sázavou et surtout la proche église de Zelená hora, construite par G. B. Santini en style du baroque gothique. Malgré tout, le Sud de la Moravie est le symbole d'un pays chaud, pays de vignobles et vergers, pays de resplendissants costumes nationaux de Kyjov ou Strážnice, pays de vignerons de Znojmo ou de Mikulov et de leurs petites caves, pays du bleuâtre parfum de l'eau de vie de prunes, produite á Vizovice.

Cette vision du Sud de la Moravie comme d'un pays doux, pittoresque, paisible, habité par des villageois bons catholiques, non atteints par le modernisme, est bien sûr un peu simplifiée. Elle ne dit rien du passé qui avait pourtant connu des moments brillants. A commencer par l'ère pré-historique, à travers la célèbre époque de la Grande Moravie, premier Etat formé sur notre territoire au 9e—10e s., l'existence du margraviat morave au Moyen-Age (de cette époque datent d'importants couvents et de nombreux châteaux forts) jusqu'à la période de la Renaissance morave, réputée par une tolérance religieuse qui régnait jadis dans les villes et châteaux moraves. La situation favorable du pays sous l'influence tchèque et autrichienne a porté ses fruits et donné naissance á un microcosme indépendant, á un héritage spécifique, notamment dans le domaine de la musique et des arts plastiques baroques. A remarquer par exemple à Kroměříž, résidence des archevêques, les richesses de sa galerie de tableaux, des archives, de la bibliothèque.

Le présent du Sud de la Moravie, c'est avant tout Brno, deuxième ville de la république, jadis résidence des margraves, de nos jours siège de la Haute Cour de Justice, de l'Université Masaryk, lieu des Foires Internationales, centre culturel, administratif, industriel.

La Moravia Meridionale

La chiamano regione del vino e del sole, ma non è completamente vero. Di essa fanno parte infatti anche la zona di Jihlava e parte delle Alture Ceco-morave, con romantici boschi di nebbia e pioggia, nel cui silenzio il viandante scopre le perle del monastero di Žďár e la chiesa funeraria del Santini in stile gotico-barocco, situata a Zelená hora. Ciononostante la Moravia Meridionale che accoglie cordialmente cechi e stranieri è quella calda di vite e giardini, dei colorati costumi popolari delle zone attorno a Kyjov e Strážnice, dove la nebbia è il vapore delle cantine di Znojmo e di Mikulov, e dove il profumo azzurrognolo proviene dalle distillerie di Vizovice.

La visione della Moravia Meridionale come terra dolce e rurale, cattolica e bonariamente patriarcale, priva della pesantezza della modernità, risulta però riduttiva rispetto alla complessità di bellezze e tesori che vi si custodiscono. Dai primi insediamenti dell'uomo preistorico, attraverso l'età d'oro della Grande Moravia dei secoli IX e X, prima entità statale a formarsi nel territorio dell'attuale Repubblica Ceca, la storia di questa terra vive le vicende del margraviato medievale — a questo periodo risalgono i ricchi monasteri di grande interesse artistico e i castelli dei signorotti feudali — e giunge all'epoca fiorente dei comuni e dei palazzi rinascimentali, fatti costruire da signori che godevano fama di tolleranza di pensiero e di credo religioso. Rispetto alla Boemia e all'Austria è particolarmente ricca in Moravia del sud l'eredità del barocco musicale e figurativo. Basta fermarsi a Kroměříž, sede arciverscovile, e visitare la ricca pinacoteca, l'archivio musicale e la biblioteca. Il positivo incontro della cultura ceca con quella austriaca hanno lasciato nel microcosmo moravo frutti preziosi.

L'era moderna in Moravia Meridionale è rappresentata, quale simbolo, dalla città di Brno, seconda nella repubblica per grandezza e importanza solo a Praga. Antica residenza dei margravi di Moravia, oggi vi hanno il Tribunale Supremo della Repubblica Ceca e l'Università Masaryk. È un interessante centro di arte teatrale e vi si svolgono attività amministrative, industriali e fieristiche di notevole importanza.

Moravia del Sur

Suele definirse Moravia del Sur como región del vino y del sol. Desde luego, no es del todo así: también le pertenece la región de Jihlava y parte de la Meseta Bohemo-Morava, tierra de nieblas y lluvias sembrada de bosques silenciosos y románticos en los que el visitante descubre perlas tales como el monasterio de Žďár y, sobre todo, la vecina iglesia funeraria del Monte Verde, obra gótico-barroca de Santini. Pese a todo, Moravia del Sur es, tanto para sus habitantes como para sus visitantes de corazón abierto, una tierra cálida de viñedos y huertos, de coloridos trajes típicos como los de Kyjov o Strážnice, tierra humedecida con el aliento de las bodegas de Znojmo o Mikulov y el aroma de fruto azul de las destilerías de Vizovice.

Claro está, la idea de una Moravia del Sur plena de dulzura, de pintorescas aldeas de vida patriarcal y católica no alterada por la modernidad, siempre fue y es una reducción de toda la riqueza de bellezas y tesoros que posee y ofrece esta parte de los Países Checos. Moravia del Sur ha tenido y tiene una historia dramática y apasionante que va desde los tiempos prehistóricos, pasando por la estupenda época de la Gran Moravia en los siglos IX y X, la primera formación estatal en el territorio de nuestra república, hasta el régimen de marca medieval (no es casual que en Moravia tengamos no solamente grandes monasterios ricos en obras de arte, sino también castillos invencibles de los señores de la zona), la época magnífica de las ciudades y palacios del renacimiento, célebre por la tolerancia hacia las diversas convicciones religiosas y opiniones. Es de destacar, incluso en comparación con Bohemia y Austria, la herencia personalísima dejada aquí por el barroco en las artes plásticas y la música. Basta para ello detenerse en la Kroměříž arzobispal y recorrer su rica galería, el archivo musical y la biblioteca. El constructivo encuentro del mundo checo y austríaco con el específico microcosmos de Moravia del Sur hasta hoy da sus frutos preciosos.

La Moravia del Sur moderna está representada por Brno, la segunda ciudad del país, en un tiempo residencia de los marqueses moravos, hoy sede de la Corte Suprema y de la Universidad Masaryk, rico centro teatral, administrativo, industrial y de exposiciones de significado estatal.

HRAD PERNŠTEJN PATŘÍ K NEJMOHUTNĚJŠÍM
V ČESKÉ REPUBLICE
DIE BURG PERNŠTEJN GEHÖRT ZU DEN MÄCHTIGSTEN
BURGEN DER TSCHECHISCHEN REPUBLIK
PERNŠTEJN CASTLE - ONE OF THE BIGGEST
CASTLES IN THE CZECH REPUBLIC
LE CHÂTEAU FORT DE PERNŠTEJN, L'UN DES PLUS
PUISSANTS CHÂTEAUX EN RÉPUBLIQUE TCHÈQUE
CASTELLO DI PERNŠTEJN CHE SI ANNOVERA FRA
I PIÙ IMPONENTI CASTELLI DELLA REPUBBLICA CECA
EL CASTILLO DE PERNŠTEJN SE CUENTA ENTRE
LOS MAYORES DE LA REPÚBLICA CHECA

KRÁPNÍKOVÉ JESKYNĚ JSOU OZDOBOU
MORAVSKÉHO KRASU
TROPFSTEINHÖHLEN SIND DER SCHMUCK
DES MÄHRISCHEN KARST
STALACTITE AND STALAGMITE CAVES –
THE ADORNMENT OF THE MORAVIAN KARST
GROTTES AUX CONCRÉTIONS
CALCAIRES – ATTRAIT DU KARST MORAVE
GROTTE STALATTITICHE,
GIOIELLO DEL CARSO MORAVO
LAS CAVERNAS DE ESTALACTITAS ADORNAN
LA REGIÓN DE MORAVSKÝ KRAS

■ PŘÍRODNÍ REZERVACE KŘIVÉ JEZERO POD PÁLAVSKÝMI VRCHY
■ NATURSCHUTZGEBIET KŘIVÉ JEZERO UNTERHALB DER HÜGEL VON PÁLAVA
■ THE KŘIVÉ JEZERO NATURE PRESERVE BELOW THE PÁLAVA HILLS
■ RÉSERVE DE NATURE DU LAC KŘIVÉ JEZERO AU PIED DES MONTS DE PÁLAVA
■ RISERVA NATURALE DI KŘIVÉ JEZERO SOTTO I COLLI PÁLAVSKÉ
■ RESERVACIÓN NATURAL DE KŘIVÉ JEZERO, AL PIE DE LAS ALTURAS DE PÁLAVA

Severní Morava a Slezsko

Kopcovitá krajina horního povodí Moravy, kraj sevřený kopci Jeseníků z jedné a Moravskoslezských Beskyd z druhé strany, je zádumčivější a drsnější než jižní sousedství úrodné Hané. Zdejší krajina je ve Fulneku, Lipníku nebo Přerově svázána s tradicí Komenského a jednoty bratrské, zároveň však prostřednictvím Olomouce, starobylého zemského centra s takřka pětiseletou jezuitskou a dnes opět živou univerzitní tradicí, i se silným moravským katolictvím, v mnohém určujícím ráz zdejšího života. Patří sem ovšem i barvité Vsetínsko a rázovité Valašsko, osídlené kdysi kolonisty z dalekého podunajského knížectví. Zájmy průmyslu a těžby se v severomoravském kraji tvrdě střetávají se snahami zachovat krásy zdejších hor a kopců pro turistiku i odpočinek lidí z průmyslových aglomerací. Jeseníky patří k příjemným turistickým revírům s řadou útulných lázní a lázniček, Beskydy tvoří zdravotně potřebné zázemí obyvatel ostravsko-karvinské pánve.

České Slezsko, nevelký, ale průmyslově i historicky významný kus země na hranici s Polskem, je pozůstatkem kdysi rozsáhlé korunní země, okleštěné za pruskorakouských válek dob Marie Terezie. V dávných dobách zemi vládlo město Opava, sídlo knížete a jeho úřadů i soudů, dnes především domov jedné z univerzit této národnostně promíšené oblasti. Kraji slezských havířů, hutníků a strojařů, kam dojíždějí za prací dělníci i ze vzdálených kysuckých a oravských vesnic Slovenska, dominuje ovšem ve 20. století průmyslová Ostrava, centrum uhelného revíru. A nedaleko odtud, v Hukvaldech u Frýdku-Místku, se narodil největší moravský skladatel nové doby, Leoš Janáček. S tvůrčími desetiletími jeho mnohostranných hudebních aktivit je spojena jihomoravská metropole Brno, ale zemřít se autor Její pastorkyně opět vrátil do kraje svého dětství, do Ostravy.

Nordmähren und Schlesien

Das Hügelland des Oberlaufs der Morava, die von den Bergen des Gesenkes auf der einen Seite und den Mährisch-Schlesischen Beskiden auf der anderen Seite begrenzten Landschaft, ist nachdenklicher und rauher als die benachbarte, südlich gelegene Haná. Das hiesige Gebiet ist in Fulnek, Lipník oder Přerov mit der Tradition eines Comenius und der Brüdergemeinde verbunden, zugleich aber auch durch die Vermittlung von Olomouc, des altertümlichen Landeszentrums mit einer fast fünfhundertjährigen jesuitischen und heute wieder lebendigen Universitätstradition und starkem mährischen Katholizismus, der in vielem den Charakter des hiesigen Lebens bestimmt. Hierher gehören allerdings auch das bunte Gebiet von Vsetín und die charakteristische Walachei, die einst von Kolonisten aus dem entfernten Donaufürstentum besiedelt wurde. Die Interessen der Industrie und der Kohleförderung stoßen hier im nordmährischen Gebiet hart auf die Bemühungen, die Schönheit der hiesigen Hügel und Berge für die Touristik und die Erholung der Menschen aus den Industrieagglomerationen zu erhalten. Das Gesenke ist ein angenehmes touristisches Gebiet mit einer Reihe gemütlicher größerer und kleinerer Kurorte, die Beskiden bilden das gesunde Hinterland für die Bewohner des Ostrava-Karviná-Beckens. Das tschechische Schlesien, ein kleinerer, aber dafür industriell und historisch bedeutender Teil des Landes an der Grenze zu Polen, ist ein Überbleibsel der einst ausgedehnten Kronländer, die während der preußisch-österreichischen Kriege unter Maria Theresia gekappt wurden. Zu früheren Zeiten herrschte die Stadt Opava über das Land, sie war Fürstensitz sowie Sitz dessen Ämter und Gerichte. Heute ist hier vor allem eine der Universitäten des aus verschiedenen Nationalitäten gemischten Gebietes zu Hause. Das Gebiet der schlesischen Bergleute, Metallurgen und Maschinenbauer, in das auch Arbeiter aus den entfernteren Gebieten der slowakischen Dörfer kommen, wurde im 20. Jh. von dem industriellen Ostrava, dem Zentrum des Kohlenreviers, beherrscht. Und nicht weit von hier, in Hukvaldy bei Frýdek-Místek, wurde der größte mährische Komponist der Neuzeit Leoš Janáček geboren. Mit den schöpferischen Jahrzehnten des Komponisten ist durch vielseitige musikalische Aktivitäten die südmährische Metropole Brno verbunden, aber um zu sterben, kehrte der Autor von Jenufa wieder in die Landschaft seiner Kindheit, nach Ostrava, zurück.

North Moravia and Silesia

These form a hilly region in the upper basin of the River Morava. It is enclosed by the Jeseník peaks on one side and the Moravian-Silesian Beskid Mountains on the other side and it is gloomier and rougher than the south neighbourhood of Haná. At Fulnek, Lipník and Přerov this part of Moravia is connected with the traditions of Komenský (Comenius) and the Union of Brethren, but at the same time it also has ties with strong Moravian catholicism which in many respects determines the nature of local life through Olomouc, the ancient provincial centre with a nearly five hundred years' long Jesuit and now again university.

Also belonging here, however, are the Vsetín region and Wallachia, once settled by colonists from the far-distant principality in the valley of the Danube. In North Moravia industrial and mining interests come into conflict with strong endeavours to preserve the beauty of the local mountains and hills for tourism and rest possibilities for people from the industrial agglomerations. The Jeseník are a pleasant tourist region with a number of cosy spas—both big and small. The Beskids form a greatly necessary health facility for the inhabitants of the Ostrava-Karviná basin. Czech Silesia, a small, but industrially and historically important piece of territory on the border with Poland, is a remainder of the once big crown country, cut off during the Prussian-Austrian wars at the time of Maria Theresa. In ancient times the country was governed by the town of Opava, the seat of the prince and his offices and courts and now mainly the seat of one of the universities of this region of mixed nationalities. This region of Silesian miners, metallurgists and engineers, to which workers make their way to seek employment even from remote Kysuca and Orava villages in Slovakia, is, however, dominated in the 20th century by Ostrava, the centre of a coal district. And not far from here, at Hukvaldy near Frýdek-Místek, Moravia's greatest composer, Leoš Janáček, was born. The city of Brno is connected with his creative decades of many-sided musical activity, but the composer of Her Stepdaughter chose to return to Ostrava, the place of his birth, to die.

Le Nord de la Moravie et la Silesie

Cette région du courant supérieur de la rivière Morava, serrée entre les chaînes des Jeseníky et des Beskydy est plus rude et plus mélancolique que sa voisine de Sud, la Haná. Les villes de Fulnek, Lipník et Přerov rappellent la tradition du grand Comenius. De nos jours c'est plutôt la ville d'Olomouc qui est redevenue symbole local de la vie intellectuelle. Ce centre régional très ancien a une tradition demi-millénaire, jésuite et universitaire, aujourd'hui en train de renaître. Il ne faut pas oublier la région très typique de Vsetín et celle de la Valachie, qui avaient accueilli jadis des colons venant des pays lointains près du Danube. Le Nord de la Moravie est la scène typique d'un conflit permanent entre les intérêts de l'industrie minière ou autre et ceux des protecteurs de la nature, peu importe si ces derniers pensent plus à la nature elle-même ou aux touristes, sportifs et estivants. Ainsi les montagnes de Jeseníky, grâce entre autre à plusieurs stations balnéaires, accueillent de nombreux visiteurs et touristes, tandis que les Beskydy représentent plutôt une zone de récréation et de repos nécessaire aux habitants du bassin houiller d'Ostrava-Karviná.

La Silésie tchèque n'est qu'un petit restant d'un pays industriel et très stratégique, situé entre la Pologne et la Bohême, à l'époque ayant appartenu à l'Empire des Habsbourg, perdu sous Marie-Thérèse, à la suite des guerres avec la Prusse. La ville d'Opava, jadis capitale silésienne, siège du prince et de son administration, abrite aujourd'hui l'une des universités de cette région, hétérogène sur le plan ethnique. Au 20e s. c'est la ville d'Ostrava qui domine cette région de mines, d'usines métallurgiques et mécaniques et qui attire régulièrement les ouvriers originaires du Nord de la Slovaquie des régions d'Orava et de Kysuce. Non loin de là, à Hukvaldy près de Frýdek-Místek, est né le plus grand compositeur morave de l'époque moderne, Leoš Janáček. Ses maintes activités artistiques l'obligeaient à vivre à Brno mais à la fin de ces jours le célèbre auteur de « Jenufa » a voulu retourner au pays de son enfance, à Ostrava.

La Moravia Settentrionale e la Slesia

Il paesaggio collinoso del bacino dell'alta Morava, chiuso tra le pendici dei monti Jeseníky da un lato e dai monti Beschidi dall'altro, è più malinconico e dal clima più rigido rispetto alla vicina zona meridionale di Haná. Luoghi come Fulnek, Lipník e Přerov sono legati alla tradizione di Comenio. Altri luoghi invece, ad esempio Olomouc, anticamente importante centro del regno con una tradizione gesuitica vecchia più di cinque secoli, conservano il carattere di città universitarie e di città da sempre cattoliche. Vi troviamo ancora la vivace regione di Vsetín e la suggestiva Valacchia, che venne colonizzata da popoli danubiani. Gli interessi dell'industria, soprattutto mineraria, si scontrano drammaticamente nella Moravia Settentrionale sopratutto con la necessità di difendere i valori paesaggistici e con l'industria turistica, che attira su monti e colline villeggianti provenienti dalle zone industriali. Tra le migliori zone turistiche ricordiamo gli Jeseníky con numerosi centri termali, i Beschidi bilanciano l'eccessiva industrializzazione delle regioni di Ostrava e Karviná.

La Slesia boema è una piccola regione multietnica, importante sia dal punto di vista storico che da quello economico. Situata al confine con la Polonia, è ciò che rimane di un dominio un tempo molto più grande, rimaneggiato durante la guerra austro-prussiana, al tempo dell'imperatrice Maria Teresa d'Austria. Il centro più antico è Opava, sede vescovile e giudiziaria, oggi ospita una università. La città principale della Slesia è oggi però Ostrava, nel bacino carbonifero, centro di industria mineraria, metallurgica e maccanica. Nelle sue fabbriche lavorano operai provenienti anche dai lontani villaggi di Kysuce e Orava in Slovacchia. Non lontano da Ostrava, a Hukvaldy vicino a Frýdek-Místek, nacque Leoš Janáček, grande compositore moderno, autore dell'opera Jenufa, il quale visse gran parte della sua vita a Brno, ma vicino alla morte volle tornare in patria, a Ostrava.

Moravia del Norte y Silesia

El paisaje montañoso del curso superior del río Morava, encerrado entre los Montes de Jeseníky por un lado y de los Beskydy moravo-silesios por el otro, tiene un carácter más melancólico y áspero que la vecina fértil Haná, en el sur. En Fulnek, Lipník y Přerov, la región está ligada a la tradición de Comenio; en Olomouc, en cambio, antigua capital regional de casi 500 años de tradición jesuita y universitaria, esta última hoy nuevamente vigente, se une al poderoso elemento católico moravo, que en mucho determina el carácter local. También la integran la pintoresca región de Vsetín y la inconfundible Valaquia, habitada hace mucho tiempo por colonos venidos del lejano principado homónimo del Danubio. Los intereses de la industria y la extracción disputan con los esfuerzos por conservar las bellezas de las montañas de la región para el turismo y el descanso de los habitantes de las aglomeraciones industriales. Jeseníky es una agradable zona turística que posee una serie de atractivos balnearios, mayores o menores. Beskydy proporciona la infraestructura sanitaria para los habitantes de la cuenca minera de Ostrava-Karviná.

La Silesia Checa, trozo de territorio de escasas dimensiones junto a la frontera polaca, es un resto del que fuera un extenso país de la corona checa, dividido en tiempos de María Teresa como consecuencia de la guerra austro-prusiana. En el pasado tuvo posición dominante la ciudad de Opava, sede principesca y de su gobierno y tribunales, hoy sede de una de las universidades de esta región étnicamente variada. Pero en el siglo XX domina esta región de mineros, siderúrgicos y mecánicos silesios, adonde iban a buscar trabajo incluso los obreros de las apartadas aldeas eslovacas de Kysuce y Orava, la ciudad industrial de Ostrava, centro de la cuenca carbonífera. No lejos de allí, en la localidad de Hukvaldy cerca de Frýdek-Místek, nació el más grande compositor moravo moderno, Leoš Janáček. Las décadas de su multifacética actividad creadora musical están ligadas a Brno, pero el autor de la ópera Su pastora regresó luego a morir a su tierra natal, a Ostrava.

- BESKYDY S LYSOU HOROU
- DIE BESKIDEN MIT LYSÁ HORA
- THE BESKIDS WITH LYSÁ HORA
- LES BESKYDY AVEC LE SOMMET DE LYSÁ HORA
- BESCHIDI E MONTE LYSÁ
- LOS MONTES BESKYDY Y LYSÁ HORA
- <

- RÁZOVITÉ STAVBY LIBUŠÍN A MAMĚNKA
- V HORSKÉM STŘEDISKU PUSTEVNY V BESKYDECH
- CHARAKTERISTISCHE BAUTEN LIBUŠÍN UND MAMĚNKA
- IM GEBIRGSZENTRUM PUSTEVNY IN DEN BESKIDEN
- THE CHARACTERISTIC LIBUŠÍN AND MAMĚNKA BUILDINGS
- AT THE PUSTEVNY MOUNTAIN RESORT IN THE BESKIDS
- STATION MONTAGNARDE DE PUSTEVNY, DANS LES BESKYDY
- (IMMEUBLES LIBUŠÍN ET MAMĚNKA, D' UN STYLE CARACTÉRISTIQUE)
- COSTRUZIONI POPOLARI DENOMINATE LIBUŠÍN E MAMĚNKA
- A PUSTEVNY, CENTRO MONTUOSO DEI BESCHIDI
- LA ORIGINAL ARQUITECTURA DE LOS PARADORES LIBUŠÍN
- Y MAMĚNKA, EN EL CENTRO DE MONTAÑA PUSTEVNY, MONTES DE BESKYDY

- HRADNÍ VĚŽ TRÚBA A FARNÍ KOSTEL
- VE ŠTRAMBERKU
- BURGTURM TRÚBA UND PFARRKIRCHE
- IN ŠTRAMBERK
- THE CASTLE TOWER CALLED TRÚBA AND
- THE PARISH CHURCH AT ŠTRAMBERK
- LA TOUR DU CHÂTEAU, DITE TRÚBA ET
- LA PAROISSIALE DE ŠTRAMBERK
- TRÚBA, TORRE DEL CASTELLO,
- E CHIESA PARROCCHIALE A ŠTRAMBERK
- LA TORRE DEL CASTILLO LLAMADA TRÚBA
- Y LA IGLESIA PARROQUIAL DE ŠTRAMBERK

HRANIČNÍ KÁMEN NA VYSOKÉ HOLI V JESENÍKÁCH
GRENZSTEIN AUF DEM BERG VYSOKÁ HOLE IM GESENKEGEBIRGE
A BORDER STONE ON VYSOKÁ HOLE IN THE JESENÍKS
LE BORNE AU SOMMET DE VYSOKÁ HOLE DANS LES JESENÍKY
PIETRA TERMINALE SUL VYSOKÁ HOLE NEGLI JESENÍKY
PIEDRA LIMÍTROFE EN VYSOKÁ HOLE, JESENÍKY

NATIONAL
GALLERY
OF IRELAND